# LE TRANSHUMANISME

Groupe Eyrolles
61, bd Saint-Germain
75240 Paris Cedex 05

www.editions-eyrolles.com


ISBN : 978-2-212-56393-1

Béatrice Jousset-Couturier

# LE TRANSHUMANISME

EYROLLES

# Sommaire

# Préface

Aussi étrange que cela puisse paraître, de nombreux scientifiques tout à fait sérieux pensent aujourd'hui que le problème qui préoccupe l'humanité depuis les origines, celui de la mort, n'appartient plus à la mythologie, à la religion ou à la philosophie, mais à la médecine et à la biologie, plus précisément aux « NBIC » – nanotechnologies, biotechnologies, informatique et cognitivisme ou sciences du cerveau et de l'intelligence artificielle.

Grâce à la convergence d'une série de révolutions scientifiques encore quasiment ignorées du grand public, la mort sera vaincue, sinon d'ici la fin du siècle, du moins à coup sûr au siècle prochain. Bien entendu, la mort restera toujours possible, dans un accident, un suicide ou un attentat, par exemple. Mais elle ne viendra plus de l'intérieur, seulement de l'extérieur, comme par inadvertance, et ce grâce à six grandes innovations qui sont déjà là, dans nos laboratoires.

D'abord celle de la génomique. Son coût est tombé aujourd'hui à 3 000 dollars et il sera de 300 avant la fin de la décennie de sorte qu'on pourra bientôt détecter la plupart des maladies génétiques, donc les prévenir, voire réparer les gènes défectueux grâce à la chirurgie génique. L'exemple d'Angelina Jolie, qui décida de recourir à la chirurgie pour prévenir un éventuel cancer du sein après un test génétique qui lui avait prédit un risque de 90 % n'est qu'un jalon dans cette voie.

Ensuite, les nanotechnologies. En troisième révolution, celle du « big data ».

La robotique vient en quatrième direction de recherche, celle qui, avec l'aide des nanotechnologies, renforcera comme jamais les possibilités d'hybridation de l'homme avec des machines. Enfin, la recherche sur les cellules souches et les progrès de l'intelligence artificielle conduiront inévitablement à l'apparition d'un « homme augmenté ».

Or tout cela ira beaucoup plus vite que nous ne le pensions il y a peu encore. Du reste, que l'immortalité ou, pour mieux dire et parler comme les anciens, la « vie sans fin » soit pour ce siècle ou pour le prochain importe peu : l'essentiel est qu'il n'y a aucune raison « rationnelle » de supposer que les recherches scientifiques n'iront pas au bout de leur finalité ultime qui n'est autre que la victoire sur la mort.

Bien entendu, ces progrès susciteront des réactions d'hostilité sans nombre, de la part des religions d'abord, qui risquent d'y perdre une grande part de leur raison d'être et qui d'ores et déjà sont toutes hostiles aux manipulations du vivant. Les problèmes, du reste, comme le pressentaient déjà les mythes grecs d'Asclépios et de Sisyphe, seront bien réels. Sur le plan psychologique : que faire de tout ce temps libre ? N'est-ce pas le sentiment de la finitude, du temps qui passe, qui nous pousse à l'action, nous extrait de notre paresse naturelle et nous contraint pour ainsi dire à édifier des œuvres, à construire des civilisations ? Sur le plan éthique, ensuite : face à ces nouveaux pouvoirs de l'homme sur l'homme, les familles seront loin d'être à égalité. La mort de la mort coûtera cher, du moins dans un premier temps, et les différences de fortune seront dans ces conditions moins supportables que jamais puisqu'elles deviendront tout simplement question de vie ou de mort. Sur le plan démographique encore : comment éviter la surpopulation si les humains ne mouraient plus ? Faudra-t-il se résoudre à renoncer à la procréation, à vivre dans un monde sans enfants, ou bien coloniserons-nous d'autres planètes ? Mais c'est aussi sur un plan proprement métaphysique que la question du sens de la vie se posera sans doute davantage et autrement que par le passé : que signifieraient une vie indéfinie, un humain privé ou quasiment privé de son rapport à la finitude ? Oui, tout cela est vrai et si, comme le pensent la plupart des chercheurs, la « mort de la mort » n'est pas une utopie lointaine, mais une réalité à portée de main, ces questions, n'en doutons pas, se poseront très vite. Toutefois, malgré toutes les objections que je viens d'évoquer et bien d'autres inimaginables encore, qui viendront au fil du temps, la tentation d'échapper à ces trois fléaux qui gâchent la vie des hommes depuis l'aube des temps – la maladie, la vieillesse et la mort de ceux qui nous sont chers – sortira sans aucun doute victorieuse des oppositions qu'elle suscitera.

**Luc Ferry**

**À mon père**

*« Le plus important d'une vie n'est pas de bien la commencer, mais de bien la finir. »*

# Introduction

La robotique se substitue progressivement à « l'humain » ; l'homme se robotise, et ses rapports avec des machines « intelligentes » deviennent de plus en plus fusionnels. Nous allons vers une société fonctionnelle où l'individu se transforme en segment technique et devient pour ainsi dire la « pièce détachée » d'un immense puzzle technologique. Bien que l'on insiste fréquemment sur nos besoins d'autonomie et d'indépendance, se mettent en place des dispositifs qui réduisent notre marge de liberté. Loin de nous libérer, la technologie semble plutôt nous limiter et nous étiqueter selon des critères de contrôle qualité, de prédictibilité, de performance, d'utilité, d'efficacité, de rentabilité. Elle se voulait œcuménique, mais se révèle finalement plus un enfermement qu'une ouverture : nous privilégions un « clic » à une conversation et nos amis virtuels à une intimité.

Les réalités de cette nouvelle société sont complètement dévitalisées, géométrisées, planifiées, numérisées, externalisées. La science n'est plus la seule connaissance à être technicisée : notre manière de vivre, et d'exister, aussi.

Comme le fait justement remarquer Jean-Claude Guillebaud[1] : « Nous sommes en pleine mutation

1. Émission Arte, de Philippe Borrel, *Un monde sans humain*, 23 octobre 2012.

[…]. Ce vieux monde disparaît avec ses repères, ses valeurs, ses certitudes, et nous entrons dans un nouveau monde qui n'a pas encore été pensé, nous allons expérimenter l'impensé ! ». Nous vivons une époque charnière de l'humanité ; entre nos mains se joue la fin de son aventure ou tout au contraire son nouveau départ. Car il s'agit moins de comprendre comment la technologie va changer notre quotidien que de comprendre comment elle va transformer notre nature humaine. Politiquement, socialement, techniquement, éthiquement, sommes-nous capables d'accompagner un tel virage ? Sommes-nous capables de penser notre futur, de maîtriser un développement technologique exponentiel débuté de façon imperceptible, mais qui, désormais, saute aux yeux et pourrait bien exploser de façon inattendue, à moins qu'on ne prenne garde de surveiller sa trajectoire ?

Le courant transhumaniste se positionne comme candidat pour répondre à cette question. Ray Kurzweil, après l'homme 2.0, pense déjà à l'homme 3.0 avec un corps équipé d'ordinateurs invisibles qui capteront des signaux venant d'environnements virtuels, tout aussi réels pour eux que s'ils venaient du monde des corps physiques. « Avec un corps version 3.0 capable de se transformer en différentes formes à volonté et un cerveau majoritairement non biologique […], la question de savoir ce qui est humain fera l'objet d'une reconsidération poussée », affirme-t-il. Dans son livre *Humanity 2.0*[1], il plaisante sur le fait que certains

1. Raymond Kurzweil, *Humanity 2.0 : la bible du changement*, M21 Éditions, 2007.

humains sont d'accord pour remplacer leurs organes, mais pour ceux-là mêmes, si l'on touche au cerveau, c'est inhumain !

Et pourtant, l'essence de l'homme n'est-elle pas dans sa capacité à dépasser ses limites ? Il est sorti de sa planète et maintenant il s'apprête à dépasser les limites de sa biologie. L'état actuel des recherches et connaissances nous transporte déjà au-delà de l'humain. Cela fait cinquante ans que le cyborg, créature mi-homme mi-robot, est apparu dans l'univers de la science-fiction. Depuis, l'esprit fécond des auteurs et réalisateurs a enfanté de nombreux surhommes, glorieux représentants d'une humanité dépassée : l'homme qui valait trois milliards, Robocop et autres Terminator. Sauf que tout ceci ne relève plus de la seule science-fiction, au regard des avancées enregistrées en biologie, chimie, neurologie, robotique et informatique. On peut d'ores et déjà parler d'une instrumentalisation de l'homme, au sens technique du mot.

La fusion de l'humain avec la technique semble désormais inéluctable. Le posthumanisme et/ou le transhumanisme[1] sont donc notre horizon plausible, et même probable. La pire des choses serait de l'ignorer. Le courant transhumaniste, qui se désigne comme le prolongement du siècle des Lumières, se dit prêt à accompagner l'homme vers ces transformations.

1. « Posthumanisme » et « transhumanisme » sont deux termes utilisés pour définir l'après humain. Le premier est le mot plutôt utilisé par les philosophes pour désigner l'après humanisme, le deuxième par les scientifiques lorsqu'ils parlent de l'homme amélioré.

Où finit l'humanité, où commence la posthumanité ?

Quel mal y a-t-il vraiment à vouloir « réparer » les corps endommagés, affiner nos sens ou s'affranchir des maladies, voire du vieillissement ? Le rêve d'un « homme augmenté », aux performances cognitives, sensorimotrices, physiques, décuplées par la technologie, est-il aussi délirant que cela ? Ne sommes-nous pas dans le digne prolongement du mythe prométhéen ? Faut-il nous condamner de vouloir choisir l'être que nous désirons être en acceptant une progression technologique comme suite logique de notre évolution biologique ?

Les différents développements de ce livre, qui ne se prétend pas exhaustif, ont pour seule vocation d'initier notre réflexion, d'aiguiser notre curiosité, d'alerter nos consciences sur ce que pourrait être notre évolution et celle de notre société dans un contexte transhumaniste. Vous ne trouverez pas de réponses toutes faites dans cet ouvrage, juste quelques « outils » pour analyser le futur, comprendre les nouveaux paradigmes.

Car, comme en toutes choses et en chacun de nous, il n'y a pas une vérité mais des vérités.

Première partie

# Qu'est-ce que le transhumanisme ?

Chapitre 1

# Les origines historiques

Apparu en Europe du Nord et aux États-Unis il y a plus de trente ans, le transhumanisme est un mouvement philosophique et scientifique qui veut utiliser tous les moyens mis à la disposition de l'homme par la technologie pour améliorer l'espèce humaine, augmenter ses capacités de perception, de cognition, de réflexion, de performance, et finalement faire naître le posthumanisme.

Précurseur, l'écrivain américain Isaac Asimov, dès 1950, avait établi trois lois fondamentales[1] censées régir, dans un futur qu'il imaginait très technicisé, les relations entre l'homme et ses machines. Ces trois règles fondamentales avaient pour finalité de protéger tant les humains que les robots, ces derniers, de plus en plus perfectionnés, devenant haïs des premiers. La première règle imposait au robot de ne pas faire de mal à un humain et de ne pas rester passif devant un humain en danger. Dans la deuxième, il devait obéir aux ordres des humains, sauf si ces ordres étaient en contradiction avec la première loi.

1. Ce texte a servi de base en 2007 à la Corée du Sud pour la rédaction d'une déclaration universelle des droits des robots financée par le gouvernement de Séoul.

Et dans la troisième, le robot devait protéger sa propre existence dans la mesure où ce n'était pas en contradiction avec les deux premières lois.

Mais si l'on veut vraiment dater la naissance de ce mouvement, il faut retenir l'année 1957 avec les débuts de la cyberculture américaine, lorsque Julian Huxley[1] (frère d'Aldous Huxley[2]), utilise pour la première fois le terme « transhumain » pour définir un homme souhaitant dépasser ses propres limites, pouvant s'améliorer grâce à la science et à la technologie, avec l'aide possible de l'eugénisme, mais surtout grâce à l'amélioration des conditions de vie.

Aujourd'hui représenté par le symbole (h+), « transhumanisme » est devenu synonyme d'« amélioration humaine ». Mais qu'est donc un humain augmenté ? C'est « un homme qui reste un homme, mais qui se transcende lui-même en déployant de nouveaux possibles » selon les propres mots de Julian Huxley.

Au début des années 1960, la thématique centrale du transhumanisme relative aux relations entre intelligence artificielle et humaine est abordée par le scientifique Marvin Minsky[3] dans son ouvrage *Steps*

1. Julian Sorell Huxley (1887-1975) est un biologiste britannique, théoricien de l'eugénisme. Il a été le premier directeur de l'UNESCO et a fondé le WWF.
2. Aldous Leonard Huxley (1894-1963) est l'auteur notamment du célèbre roman *Le Meilleur des mondes*.
3. Marvin Lee Minsky (né en 1927) est surtout connu pour être cofondateur du Groupe d'intelligence artificielle du célèbre Massachusetts Institute of Technology (MIT), avec l'informaticien John McCarthy.

*Toward Artificial Intelligence*, domaine qui très rapidement attire de nombreux chercheurs et penseurs tel Ray Kurzweil[1].

À la même époque, comme le fait remarquer Jean-Michel Besnier[2], le monde est en pleine conquête de l'espace. Afin de permettre à des humains de préserver l'équilibre de leurs relations avec un environnement hostile et inconnu, des ingénieurs envisagent de les relier à des machines capables d'autorégulation : ce sera l'origine du « Cyborg ». Après avoir désigné la simple mise en relation d'un humain avec des dispositifs rétroactifs (c'est-à-dire capables de modifier leur comportement en fonction de l'environnement), ce mot, inventé par l'Américain Nathan Kline pour désigner l'interdépendance de l'astronaute et de la technique dans la fusée, servira à qualifier l'être hybride. Maintenant il désigne le couplage être humain/machine.

Le mouvement transhumaniste prend son véritable essor à la fin du XX^e^ siècle. En 1966, un futurologue iranien, Fereidoum Esfandiary, plus connu sous le nom de FM-2030, enseigne les nouveaux concepts de l'Homme à New York et commence à qualifier les personnes qui adoptent les techniques nouvelles, les nouveaux styles de vie et les conceptions du monde futuristes de « transhumains », dans le sens

1. Raymond C. Kurzweil (né en 1948), informaticien américain, créateur de plusieurs entreprises pionnières dans le domaine de la reconnaissance optique de caractères (OCR), de la synthèse et de la reconnaissance vocales, et des synthétiseurs électroniques. En décembre 2012, il rejoint Google.
2. Jean-Michel Besnier, *Demain les posthumains*, Hachette Littératures, 2009.

d'humains transitoires, humains de transition ou humains en évolution. Robert Ettinger, autre pionnier du mouvement transhumaniste, ajoute en 1972 une pierre à l'édification de ce nouveau concept, avec la publication de *Man into Superman.* Une année plus tard, FM-2030 publie à son tour *l'Upwinger's Manifesto* pour stimuler davantage les imaginations et recruter de nouveaux adeptes.

Les premiers cercles transhumanistes naissent en 1980 à UCLA (University of California, Los Angeles). Cette même année, FM-2030 et Natasha Vita-More, une dessinatrice, conceptrice futuriste américaine, organisent un grand rassemblement. De 1982 à 1988, plusieurs autres réunions se succèdent jusqu'à la création par Natasha Vita-More d'une émission télévisée spécialement dédiée à la transhumanité, *Transcentury Update.*

Entre temps, Eric Drexler, un ingénieur américain connu pour avoir popularisé la nanotechnologie, analyse dans son ouvrage *Engines of Creation* (1986) toutes les perspectives liées aux nanotechnologies et assemblages moléculaires. Il fonde dans la foulée le Foresight Institute[1] avec son épouse d'alors, Christine Peterson. Cet institut a pour but de guider les nouvelles technologies vers l'amélioration de la condition humaine, en se concentrant sur la nanotechnologie, la capacité à construire des matériaux

1. En mai 2005, le Foresight Institute change son nom pour Nanotech Institute Foresight, réduit sa mission à « veiller à l'application bénéfique des nanotechnologies » pour finalement, en juin 2009, reprendre son nom d'origine, et élargir sa mission à « étudier les technologies transformatrices ».

et des produits avec une précision atomique, à élaborer des systèmes qui permettront d'améliorer l'échange de connaissances et la discussion critique. De fait, il devient le lieu de rassemblement des futuristes en tous genres.

En 1990, le philosophe futuriste Max More crée sa propre doctrine transhumaniste, l'extropianisme, et jette les bases du transhumanisme moderne en complétant sa définition : « Le transhumanisme est un parti philosophique ayant pour but de nous guider vers une condition posthumaine. Le transhumanisme partage de nombreuses valeurs avec l'humanisme parmi lesquelles un respect de la raison et de la science, un attachement au progrès et une grande considération pour l'existence humaine (ou transhumaine) dans cette vie. [...] Le transhumanisme diffère de l'humanisme en ce qu'il reconnaît et anticipe les changements radicaux de la nature et des possibilités de nos vies provoqués par diverses sciences et techniques.[1] » Avec Tom Morrow, il fonde en 1990, l'Extropy Institute qui a pour principal but de densifier le réseau social transhumaniste et de promouvoir une réflexion collective sur les courants idéologiques émergents, donnant ainsi un nouvel essor au courant transhumaniste. Ce nouveau mouvement culturel et intellectuel international prône l'usage des sciences et des techniques afin d'améliorer les caractéristiques physiques et mentales des êtres humains, considérant certains aspects de la

1. Max More, *Transhumanism : Towards a Futurist Philosophy, Extropy 6*, 1990.

condition humaine tels que le handicap, la souffrance, la maladie, le vieillissement ou la mort subie, comme inutiles et indésirables.

Toujours dans les années 1990, les nanotechnologies (N), la biologie (B), l'informatique (I) et les sciences cognitives (C), c'est-à-dire l'intelligence artificielle et les sciences du cerveau, progressent de concert. Les découvertes des uns décuplent la progression des autres : on parle alors de « convergence NBIC ». Cette symbiose exponentielle entre biologie, mécanique électronique et numérique augmente les puissances de recherche et permet des avancées spectaculaires.

En 1998, les philosophes Nick Bostrom et David Pearce fondent la World Transhumanist Association (WTA) et œuvrent pour que ce mouvement soit reconnu digne d'intérêt, tant par le milieu scientifique que par les pouvoirs publics.

La WTA modifie ses textes en 2002 et redéfinit le transhumanisme : c'est un « mouvement culturel et intellectuel affirmant qu'il est possible et désirable d'améliorer fondamentalement la condition humaine par l'usage de la raison, en particulier en développant et diffusant largement les techniques visant à éliminer le vieillissement et à améliorer de manière significative les capacités intellectuelles, physiques et psychologiques de l'être humain[1] ». Elle ajoute, en parallèle, la mission d'« étudier les répercussions, les promesses et les dangers potentiels des techniques qui nous

1. Cette déclaration se modifie encore au fil des ans. Sa forme actuelle a été adoptée par le Conseil d'administration de H+ en mars 2009.

permettront de surpasser les contraintes inhérentes à la nature humaine ainsi que les problèmes éthiques que soulèvent l'élaboration et l'usage de telles techniques ». Très vite, les représentants de la WTA s'aperçoivent que les forces sociales constituent un frein potentiel à leurs projets futuristes et qu'il faudrait, par conséquent, statuer sur la position à adopter face à certains problèmes soulevés, celui, par exemple, de l'accès équitable aux techniques d'amélioration humaine, par des individus de classes sociales inégales et/ou de nationalités différentes.

En 2006, des divergences d'opinions voient le jour dans les rangs du mouvement transhumaniste entre la droite libertarienne (les extropiens) et la gauche libérale. La WTA, sous l'égide de son ancien directeur James Hughes (démocrate défendant une certaine régulation de l'État sur l'utilisation des technologies d'amélioration), adopte une posture plus proche du centre gauche. Cette même année, le conseil d'administration de l'Extropy Institute met un terme à ses activités, déclarant que sa mission est « remplie, dans l'essentiel ». La WTA s'impose alors comme la principale organisation transhumaniste dans le monde. En 2008, afin de changer son image, elle adopte le nom de *Humanity+* pour donner plus de valeur à la dimension humaine. L'association est actuellement présidée par Natasha Vita-More et s'exprime dans le périodique *H+ Magazine*.

Aujourd'hui, le mouvement transhumaniste est un courant de pensée aux diverses facettes, que ses adeptes les plus fervents transforment en véritable *lobby* international, particulièrement puissant sur les rives du Pacifique (en Californie, en Chine et en Corée du Sud), et ce n'est pas un hasard, à proximité des industries NBIC, qui deviennent progressivement le cœur de l'économie mondiale. Plus faiblement représentés sur le continent européen, quelques groupes transhumanistes commencent à se former et à s'y exprimer.

Chapitre 2

# Les différents courants transhumanistes

## Le transhumanisme en Europe

La France, berceau des Lumières, s'est longtemps montrée hermétique aux idées transhumanistes, même si celles-ci prolifèrent depuis quelque temps, dans le milieu fertile de la culture *geek* anglo-saxonne, *via* les listes de diffusion et forums sur Internet.C'est bien connu, les idées ne connaissent pas de frontières et commencent à essaimer sur notre territoire.

En Angleterre, l'UK Transhumanist Association prend son essor. Le think tank suisse NeoHumanitas cofondé par Johann Roduit, docteur en droit et éthique biomédicale à l'université de Zurich, fait parler de lui. Ce forum de discussion « encourage la réflexion et la discussion sur les conséquences socioéthiques de l'utilisation des technologies émergentes et futures sur l'être humain. Il ne favorise pas une idéologie particulière, qu'elle soit transhumaniste, libérale ou conservatrice, mais (il) souhaite offrir un espace de discussion au-delà des différences d'opinions où chacun (puisse) s'exprimer selon ses convictions[1]. »

1. http://www.neohumanitas.org

En France, la fondation FTSL (loi de 1901) milite pour le développement des technologies des sciences et des libertés, dans le but de diffuser les questionnements relatifs aux technologies susceptibles d'influencer fortement l'avenir des sociétés et le comportement des individus ; il s'agit principalement des technologies dites NBIC. Ses objectifs sont de promouvoir et d'accompagner toutes les évolutions perçues comme positives : celles liées à l'amélioration des conditions de vie des individus, à l'espérance de vie, et à la gestion politique des ressources *via* des outils modernes, telle l'intelligence artificielle.

D'autres organismes, instituts, fondations, diverses sociétés, regroupant des personnalités transhumanistes, seraient aussi à citer, mais le seul courant vraiment leader en France, et reconnu tant en Europe qu'aux États-Unis, est l'association Technoprog.

### L'association Technoprog

Technoprog est apparue en 2007, sous la forme d'une liste de diffusion sur Internet, à l'initiative de deux étudiants : Stéphane Gounari, spécialiste de la gestion du risque, et Alberto Masala, philosophe italien de la Sorbonne. Sous l'impulsion de l'enseignant Marc Roux, cette liste se transforme en association. Française et baptisée Technoprog, elle ne comptait qu'une vingtaine de membres (informaticiens, sociologues, philosophes et quelques biologistes) et n'était qu'une façade institutionnelle pour prendre part aux débats sur la révision de la loi de bioéthique et sur les nanotechnologies… « Notre objectif, avance Marc Roux, l'actuel président, est de diffuser la réflexion sur le transhumanisme et de promouvoir des chercheurs travaillant dans le domaine des NBIC. »

Aujourd'hui, cette association est la plus importante, la plus organisée, la plus aboutie, la plus structurée et la plus représentative : une centaine d'inscrits et des partisans de plus en plus nombreux. Leur premier congrès « Transvision 2014 » s'est tenu à Paris les 20-22 novembre. En marge de ce colloque, une réunion rassemblant des membres de l'AFT-Technoprog, Amon Twyman représentant Zero State (l'Institut pour le Futurisme social), David Wood pour les London Futurists et James Hughes pour l'IEET (*Institute for Ethics and Emerging Technologies*) s'est tenue afin d'élaborer un texte proposant des principes communs à une déclaration technoprogressiste.

Comme le sous-entend son nom, Technoprog se réclame ouvertement d'un « transhumanisme démocratique » ou technoprogressiste. Cela signifie que ce courant est particulièrement attentif aux aspects suivants[1]. En premier, la démocratie : « l'accès aux connaissances et l'usage d'outils de communication appropriés doivent permettre des débats démocratiques et l'implication de la société civile dans les décisions qui sont prises en termes d'augmentation/amélioration des capacités humaines ». En second, la justice et l'harmonie sociale : « dans la perspective d'une évolution transhumaniste, les actions menées doivent viser à améliorer l'épanouissement et les

1. http://transhumanistes.com/presentation

libertés individuelles. » Pour autant, l'association reste vigilante au fait « qu'il est nécessaire que tout progrès soit équitablement accessible au plus grand nombre ». En troisième point, ce sont les risques encourus liés à toute progression technologique qui doivent être pris en compte le plus tôt possible, en particulier « les risques sanitaires, environnementaux ou sociétaux ».

Comme le revendique l'association Technoprog, les progrès les plus utiles sont ceux qui permettront aux femmes et aux hommes de vivre beaucoup plus longtemps et en bonne santé grâce aux recherches sur les cellules souches, sur la thérapie génique ou sur le développement des nanotechnologies. Ce sont ceux aussi qui augmenteront les capacités humaines sensorimotrices et cognitives (NBIC), qui rendront l'homme plus heureux, plus empathique (les neurosciences), et qui lui permettront de vivre dans une société durable (ce qui implique le développement des énergies renouvelables, la réutilisation des matières premières, la réduction radicale des pollutions...). En dernier lieu, il faut travailler dans tous les domaines susceptibles de diminuer les risques menaçant l'humanité (d'où la nécessité d'augmenter la part des budgets de recherche alloués à la prévention des risques).

L'idée centrale est d'utiliser toutes les nouvelles technologies pour améliorer la condition humaine de façon radicale, qu'il s'agisse d'allonger la vie, d'améliorer les capacités physiques, sensorielles, cognitives et émotionnelles. Cette démarche humaine, valeur primordiale de l'association, n'est pas qualifiée par ses membres de dépassement, mais plutôt définie comme une revalorisation, un approfondissement de celle-ci. L'objectif n'est pas l'homme parfait, ni une espèce de surhomme stupide qui aurait toujours le sourire aux lèvres, mais un homme satisfait de ses valeurs, heureux de jouir mieux et plus longtemps des merveilles de ce monde.

À la question « Pourquoi évoluer ? », l'association répond qu'elle n'ignore pas la valeur des limites de l'existence humaine (franchement, mourir à 85 ans, c'est trop tôt !), qu'il ne s'agit pas de prolonger une vie paisible en pantoufles, mais d'augmenter le potentiel humain pour relever les défis majeurs de notre époque, à partir de la compréhension scientifique profonde de la réalité, jusqu'à l'exploration et la colonisation de l'espace. Pour autant, elle reste consciente que ces défis passionnants posent l'homme face au risque et à l'inconnu, mais, peuvent aussi donner un sens à son évolution.

En politique, une de leurs priorités est la démocratisation de l'accès aux nouvelles technologies, c'est-à-dire un possible accès à tous : « Dites au peuple que vous avez un bonbon et que vous n'allez pas le lui donner et il fait une révolution ! » L'association, selon ses propres mots, « rejette les extrémismes, quels qu'ils soient. Le technoprogressiste prend ses distances aussi bien du transhumanisme extropien proche de l'anarcho-capitalisme américain et de la droite ultralibérale très individualiste que des positions technofascistes de la nouvelle droite française, car il pense sincèrement que le problème principal de ces factions est la subordination d'un projet d'amélioration de l'homme à des idéologies politiques, en l'absence de garantie d'un accès universel aux technologies décisives. » Marc Roux, l'actuel président, ne manque pas de souligner sa tendance à penser que « le transhumanisme en général, et en France en particulier, gagnerait à prendre ses distances vis-à-vis de l'idée de singularité de Ray Kurzweil, qui repose, selon lui, sur des hypothèses très friables. Qui plus est, la singularité fait peur, à juste titre, et dessert la plupart des causes transhumanistes. » La personnalité transhumaniste la plus proche des technoprogressistes français, voire européens, est James Hughes (l'ancien directeur de WTA). Ainsi les dirigeants de Technoprog marquent fortement leurs distances par rapport à une certaine frange de la pensée américaine.

Les militants revendiquent la nécessité d'une rigueur scientifique et se méfient des scénarios futuristes : ils refusent de céder à la tentation de se laisser aller à des prédictions factuelles sur le développement futur de la technologie qui ne soient pas étayées par des bases scientifiques solides. Ils préfèrent, à court terme, financer la lutte contre le vieillissement et étudier les perspectives d'amélioration psychophysique plutôt que fixer, avec plus ou moins de certitude, la date où le premier homme vivra 140 ans. Des projets à long terme ne font que détourner l'attention des questions plus importantes et rendre moins crédible l'entreprise globale. En ce sens, les technoprogressistes ne cautionnent pas la position d'auteurs qui, comme Ray Kurzweil dans son dernier livre *Humanity 2.0*, pensent savoir beaucoup trop de choses sur le futur. Pour le transhumaniste technoprogressiste, le progrès intervient quand un maximum de gens devient capable de « s'autofaçonner », de diriger leurs vies et leurs relations avec les autres, en accord avec leurs plus profondes valeurs. Il faut éviter la confusion des genres entre science, projets politiques sérieux et science-fiction. Une grande importance est donnée à l'autonomie, à la possibilité et au droit des individus de prévoir et de choisir leurs propres vies.

Dans le technoprogressisme, il ne semble pas y avoir de laissés-pour-compte, pas de surhommes ni de sous-hommes. Cela ressemble à un transhumanisme modéré, conscient des dangers et militant pour une société respectueuse des valeurs humaines fondamentales que sont l'égalité, la liberté et la dignité. Conscients que certaines technologies à venir peuvent potentiellement causer de grands maux à la vie humaine et à la survie même de notre espèce, les technoprogressistes cherchent à comprendre les dangers et à prévenir des désastres du progrès technologique. C'est pourquoi ils promeuvent une réflexion et un questionnement philosophique face à l'émergence des nouvelles technologies et essayent de rester maîtres de leurs avancées.

Marc Roux milite pour un transhumanisme à la française, rejetant la philosophie libertaire californienne. Il affirme : « La préoccupation sociale est au centre de notre démarche : il ne faut surtout pas déboucher sur une humanité à deux vitesses. Les technoprogressistes en sont conscients et comprennent ce risque. Néanmoins, il ne faut pas rejeter *a priori* les améliorations. Nous militons pour un meilleur accès aux technologies transhumanistes, qui serait, dans l'idéal, universel. Un autre transhumanisme est possible. »

Ce n'est pas complètement l'avis de Jean-Michel Besnier. Pour lui, « le transhumanisme français manque tout de même de réflexion critique [...] Ils [les transhumanistes français] sont dans une dynamique très optimiste, mais ça me paraît extrêmement naïf, et j'ai peur que ces technoprogressistes, militants de gauche et généreux, ne cèdent à cette candeur. » Il conclut : « Les mouvements transhumanistes postulent que la nature humaine n'est ni invariante ni immuable, qu'elle doit pouvoir être transformée. En France nous n'avons que des hyperhumanistes, loin des spéculations prévoyant l'apparition d'une espèce nouvelle. » En effet, il n'a pas tort, car imposer nos valeurs au grand frère américain, dressé face à nous tel un géant, risque de se révéler mission impossible.

## Le transhumanisme aux États-Unis

Avant d'aborder ce chapitre, il est intéressant de préciser qu'aux États-Unis, on s'en tient principalement au terme de « transhumanisme ». Chez nous, les mots « transhumains » et « posthumains » se côtoient alternativement selon les auteurs, désignant l'un et l'autre de possibles êtres futurs qui ne seraient plus humains selon nos standards et dont les capacités de base excèderaient celles des humains actuels. Le transhumanisme américain est quant à lui un « préposthumanisme » européen, une sorte de posthumanisme anticipé. Les Américains en restent pour le moment à l'homme amélioré (le transhumain) et préparent l'homme mi-machine mi-homme qu'est le cyborg. Le transhumain n'est pas l'au-delà ou l'avenir de l'humain mais plutôt l'abréviation d'« humain transitoire » (*transitory human*), c'est-à-dire un homme en route vers la posthumanité.

Quels que soient les mots employés, les transhumanistes américains sont de plus en plus nombreux et la liste des courants qui les représentent s'allonge avec le temps. Révisant, discutant, remettant en question leurs points de vue au gré des découvertes scientifiques, ils confortent de plus en plus leurs positions politiques, économiques, agrandissent progressivement leur auditoire, contribuant, par là même, au développement global du mouvement. On peut distinguer les courants mineurs des courants majeurs.

## Les courants mineurs

*The Venus Project* (association à but lucratif) propose une vision de l'avenir comme possible alternative à une nouvelle civilisation mondiale durable. Il appelle à une refonte pure et simple de notre culture dans laquelle la guerre, la pauvreté, la faim, la dette et des souffrances humaines inutiles sont considérées non seulement comme évitables mais comme totalement inacceptables. Le projet Venus est principalement le reflet du travail d'un seul homme, Jacque Fresco. Concepteur et inventeur dans un large éventail de domaines allant des innovations biomédicales aux systèmes sociaux totalement intégrés, Jacque Fresco milite pour l'intégration du meilleur de la science et de la technologie. Il souhaite fonder une société nouvelle, respectueuse de l'homme et de son environnement, autour d'un système socio-économique de coopération sociale qu'il décrit comme une « économie basée sur les ressources ».

Le transhumanisme démocratique est une branche du transhumanisme qui prône à la fois le droit d'utiliser la technologie pour transcender les limites du corps humain et l'extension des préoccupations démocratiques au-delà de l'égalité juridique formelle et de la liberté. Ce tout devant s'exprimer dans « une liberté économique, culturelle, afin de protéger les valeurs telles que l'égalité, la solidarité et la participation démocratique dans un contexte transhumain », selon les propres mots de James Hughes en 2002.

L'impératif hédoniste est, quant à lui, principalement représenté par les partisans de « l'ingénierie du paradis ». David Pearce affirme que, pour des raisons éthiques, un programme biologique devrait éliminer toutes les formes de cruauté, de souffrance et de malaise. À long terme, il suggère même qu'il sera techniquement possible de réécrire le génome des vertébrés, de redessiner l'écosystème mondial et d'utiliser la biotechnologie pour abolir la souffrance dans le monde vivant. Il estime aussi que les *superminds* post-darwiniens apprécieront d'être génétiquement préprogrammés pour leur bien-être et animés par des « gradients de bonheur. »

Le transhumanisme théorique n'est pas à proprement parler un courant mais plutôt un mouvement d'étude des contraintes, des possibilités et des conséquences des trajectoires potentielles futures du développement technologique et humain. Il utilise les outils théoriques de l'économie, de l'évolution, des probabilités et des sciences appliquées. Il enquête aussi sur les questions éthiques liées au projet transhumaniste (en particulier sur l'accès du plus grand nombre possible de personnes à la posthumanité).

La branche écologique du transhumanisme se nomme le technogaïanisme et se fonde sur l'idée que le progrès technologique peut permettre de restaurer l'écosystème notamment par le biais des technologies alternatives.

## Les courants majeurs

### *Les extropiens*

L'extropianisme est une philosophie particulière qui se débarrasse de tous les dogmes, religieux en particulier, et qui reste ouverte à l'utilisation de tous les moyens offerts par les nouvelles technologie pour améliorer l'être humain. Et ce, sans limite. Max More en a écrit les principes en 1998. Voici comment il définit les sept axes de réflexion de ce mouvement.

Le premier d'entre eux est le progrès perpétuel : à la suite des humanistes, les extropiens recherchent le progrès constant dans toutes les directions, allant même plus loin que de nombreux humanistes en proposant certaines altérations de la nature humaine, dans la recherche de ce progrès. Ils contestent les affirmations traditionnelles selon lesquelles il faudrait conserver la nature humaine inchangée, de façon à se conformer à la « volonté de Dieu » ou à ce qui est considéré comme « naturel ». Ils reconnaissent les capacités conceptuelles uniques de notre espèce, et l'occasion que nous avons de conduire l'évolution de la nature vers de nouveaux sommets, voyant l'humanité comme une phase transitoire placée entre son héritage animal et son avenir posthumain. Ils cherchent à prolonger et à accélérer le processus évolutif en essayant de dépasser techniquement les limites humaines et psychologiques, n'acceptant pas les aspects indésirables de la condition humaine. L'absurdité qu'il y a à accepter humblement les limites « naturelles » de nos vies dans le temps les pousse à prévoir que celle-ci s'étendra un jour au-delà des confins de la terre, pour habiter le cosmos. Ils pensent que la croissance est compatible avec la qualité de l'environnement et défendent une écologie rationnelle, non coercitive, visant à soutenir et à améliorer les conditions de notre prospérité. La migration dans l'espace élargirait immensément l'énergie et les ressources accessibles à notre civilisation. Ni conservateurs ni radicaux, ils soutiennent vouloir conserver ce qui fonctionne, tant que cela fonctionne, et modifier tout ce qui pourra être amélioré. Pour eux, aucun mystère n'est sacro-saint, aucune limite n'est au-delà de la remise en question, et ils croient sincèrement que l'inconnu se livrera à leurs esprits ingénieux ! Fondamentalement, ils cherchent à comprendre l'univers, l'inconnu, le mystère et non pas à trembler devant eux.

Le deuxième axe est la transformation de soi. Les extropiens refusent de s'enchaîner à de quelconques dogmes, qu'ils soient religieux, politiques ou intellectuels. Ils préfèrent choisir leurs valeurs et leur comportement avec réflexion. Bien qu'ils prennent en compte la valeur des autres, ils se concentrent prioritairement sur la transformation d'eux-mêmes plutôt que d'essayer de changer les autres. Ils reconnaissent les dangers qu'il y a à contrôler les hommes, et pour cette raison ne cherchent pas à améliorer le monde sauf en lui offrant un exemple et en lui communiquant leurs idées. Cette transformation de soi implique d'essayer de comprendre les autres et de travailler à des relations optimales basées sur l'honnêteté mutuelle, la communication ouverte et la bienveillance. L'évolution nous a pourvus d'instincts et d'émotions qui nous conduisent parfois à des actes inconsidérés d'hostilité, de conflit, de peur et de domination, mais par la prise de conscience, la compréhension et le respect des autres, les extropiens pensent qu'il est possible de dépasser ces attitudes et de les combattre.

L'optimisme pratique est le troisième axe qu'ils définissent comme une attitude positive, dynamique, vis-à-vis du contrôle de leur vie. Ils souhaitent réaliser leurs idéaux dans ce monde, aujourd'hui et demain, plutôt que de supporter une vie insatisfaisante soutenue par les rêves éveillés d'une autre vie (dans l'imaginaire, ou dans une « vie après la vie »). Actions et paroles doivent inspirer les autres à exceller. L'optimisme pratique et la foi passive sont incompatibles, car le premier se définit comme un optimisme critique, alors que la foi dans un avenir meilleur est la confiance en une force extérieure, qu'il s'agisse de Dieu, de l'État ou d'extraterrestres. L'optimisme pratique rejette la foi qui engendre la passivité en considérant le progrès comme un don des forces supérieures. Car, en échange de ce don, la foi demande de croire fixement dans ces forces et de les supplier, engendrant par là même des croyances dogmatiques et un comportement irrationnel, attitude impensable pour un transhumaniste convaincu. L'optimisme pratique encourage l'initiative et l'intelligence, et doit assurer que les hommes sont capables d'améliorer la vie par leurs propres efforts.

En quatrième axe vient la technologie intelligente. Les extropiens défendent la science face au mysticisme, et la technologie face à la prière. La science et la technologie sont des moyens indispensables pour mettre en place leurs valeurs, leurs idéaux et accomplir leurs visions pour la poursuite de notre évolution. La technologie est l'extension naturelle et l'expression de la volonté intellectuelle humaine, de la créativité, de la curiosité et de l'imagination. Dans ce sens, les extropiens prévoient et encouragent le développement d'une technologie toujours plus flexible, intelligente et réactive. Ils souhaitent à terme intégrer la technologie intelligente en l'homme, dans une synthèse posthumaine qui amplifiera les capacités humaines et étendra la liberté. L'usage intelligent de la biotechnologie et de la nanotechnologie ainsi que l'ouverture de nouveaux territoires dans l'espace pourraient entre autres résoudre les problèmes de pénurie, de surpopulation et d'impact sur l'environnement.

Le cinquième point, la défense d'une société ouverte, est une conséquence des premiers axes. Les extropiens apprécient les sociétés qui protègent le libre échange des idées, la liberté de critiquer et celle d'expérimenter. Ils souhaitent appliquer le rationalisme critique à la société en considérant toute institution et tout processus comme susceptibles d'amélioration constante. Le contrôle centralisé du comportement limite l'exploration, la diversité et les opinions contraires. Les buts extropiens peuvent s'épanouir dans différents types d'organisations sociales ouvertes, mais pas dans des théocraties ou des systèmes autoritaires, voire totalitaires. Ces dernières, qui ont un contrôle central envahissant et imposé par la force, ne peuvent pas permettre le désaccord et la diversité. Les extropiens évitent donc les plans utopiques d'une société parfaite. Au lieu de la perfection statique d'une utopie, l'« extropie » est préférable, c'est-à-dire simplement un cadre ouvert et évolutif qui permette aux individus et aux groupements librement créés d'établir les institutions et les formes sociales qu'ils préfèrent. Parce que nous vivons tous en société, nous sommes profondément préoccupés par son amélioration. Mais cette amélioration doit respecter l'individu. Le génie social doit se faire étape par étape en améliorant les institutions une par une, avec l'accord des personnes concernées, et non par la réalisation coercitive et planifiée au centre d'une vision unique. Ils tiennent toute loi et tout gouvernement, non comme des fins en soi, mais comme des moyens pour le bonheur et le progrès (aucune loi ou structure économique particulière n'est une fin ultime). Les extropiens ne cherchent ni à régner ni à être sujets, considérant plutôt que les individus doivent s'occuper de leur propre vie. Les sociétés saines nécessitent une combinaison subtilement dosée de liberté et de responsabilité. Pour que des sociétés soient libres, les individus doivent être libres de poursuivre leurs intérêts de la façon qui leur est propre. Mais pour que les sociétés prospèrent, la liberté doit être accompagnée de responsabilité personnelle.

C'est la raison pour laquelle leur sixième axe est l'autonomie, l'auto-orientation. Les extropiens résistent vigoureusement à la coercition de ceux qui essaient de leur imposer un jugement sur la sécurité et sur l'efficacité des différents moyens d'auto-expérimentation. La responsabilité personnelle et l'autodétermination sont incompatibles avec un contrôle centralisé autoritaire, qui étouffe les choix et l'organisation spontanée des personnes autonomes. La coercition, qu'elle s'exerce pour le supposé « bien de la communauté » ou pour la protection paternaliste de l'individu, n'est pas, pour eux, acceptable. Les extropiens sont des individualistes rationnels, qui vivent selon leur jugement, faisant des choix réfléchis et renseignés, tirant profit tant du succès que de l'imperfection. Ils voient la bienveillance comme une vertu qui guide leurs interactions avec la vie auto-orientée des autres. La bienveillance accompagne naturellement une appréciation de la valeur des autres et la confiance en soi. Ils voient donc la bienveillance, non comme une obligation de sacrifier leurs intérêts, mais comme une disposition à aider les autres. Dans la bienveillance, ils supposent une communauté de convenances comprenant la politesse, la patience, l'honnêteté, le choix intelligent de l'action exigeant l'indépendance d'esprit. Pour les extropiens, est faible celui qui abandonne à d'autres la direction intellectuelle de sa vie ou de ses pensées, que ce soit en religion, en politique, ou moralement. Diriger sa vie exige que chacun détermine ses valeurs, ses objectifs et ses actions.

La pensée rationnelle est le septième axe. N'acceptant aucune autorité intellectuelle finale, les extropiens rejettent la foi aveugle, la pensée passive et confortable qui conduit au dogme, à la conformité et à la stagnation. Toutes les croyances sont sujettes à l'erreur et doivent pouvoir être mises à l'épreuve ou remises en question. Ils refusent donc la révélation, l'autorité, l'émotion et les sentiments comme sources fiables de connaissance, mais ne rejettent pas pour autant l'intuition. Ils recherchent la connaissance objective et la vérité, pensant qu'il est possible de connaître la réalité et qu'à travers la science, l'esprit humain peut progressivement dépasser ce qui est imputable à ses propres sens pour découvrir le monde tel qu'il est vraiment.

Le courant extropien actuel a été révisé pour répondre aux paradigmes du XXIe siècle, en favorisant un optimisme futuriste philosophique dont les fondements sont l'abolitionnisme bioéthique, la prolongation de la vie, le singularitarisme, le technogaïanisme et la liberté d'information. Il ne prend pas de position politique ferme, quoique étroitement lié à un socialisme libertaire et militant pour l'abolition de l'argent et des biens. Philosophiquement, il s'inspire de la philosophie de Jeremy Bentham et de l'utilitarisme. Les extropiens désirent avant tout prolonger la durée de la vie, quitte à devenir quasi immortels ! Ils voient l'humanité comme une phase de transition dans le développement évolutif de l'intelligence et défendent l'usage de la science pour accélérer le passage d'une condition humaine à une condition transhumaine ou posthumaine. Ils rêvent de vivre dans un état, dans un monde, où l'intelligence artificielle et la robotique ont rendu le travail pertinent. Comme dans l'utilitarisme, le but de la vie devrait être d'accroître le bonheur de toutes créatures sur terre par la coopération.

*Les singularitariens*

Après l'extropianisme, un autre courant est très bien représenté : le singularitarisme. Ce mouvement social, fondé sur la conviction que la création d'une super intelligence va probablement se produire dans un avenir proche, a été qualifié ainsi par l'extropien Max More en 1991, pour designer « celui qui croit au concept de singularité ». En 2000, Eliezer Yudkowsky, chercheur en intelligence artificielle, écrit *Les Principes singularitariens*, dans lequel il déclare qu'un « singularitarien croit en la singularité comme une manifestation laïque, non mystique, possible et bénéfique pour le monde ». Grâce au soutien des entrepreneurs d'Internet, Brian et Sabine Atkins, il fonde le Singularity Institute for Artificial Intelligence, avec pour objectif d'œuvrer à la création de l'auto-amélioration afin de minimiser au maximum les risques existentiels. Soutenus par la NASA, par Google, par un large éventail de groupes industriels, par des chercheurs prévisionnistes, par des technologues et des technocapitalistes, les transhumanistes singularitariens comptent parmi leurs membres le philosophe Nick Bostrom et l'inventeur futurologue Ray Kurzweil. En dignes héritiers des extropiens, ils concentrent leurs recherches sur les technologies transhumaines qui peuvent potentiellement conduire à l'augmentation de l'intelligence, à l'interface cerveau-ordinateur, et enfin à l'intelligence artificielle. La source de notre technologie étant finalement venue de notre intelligence, ils soulignent l'importance de veiller à ce que cette intelligence soit couplée à une sensibilité éthique. Certains critiques considèrent toutefois que ce groupe est formé d'eugénistes se faisant passer pour des postmodernistes.

Aux États-Unis, tous les groupes transhumanistes militent pour dépasser les limites de l'homme et améliorer la condition humaine. Pour y parvenir, le programme américain favorise dans un optimisme forcené, l'usage et le progrès rapide des sciences et technologies nouvelles (neuro, bio et nanotechnologies) en mettant tous les atouts de son côté : un leader en la personne de Ray Kurzweil (un génie de l'informatique nommé en janvier 2013 directeur de l'ingénierie chez Google), une université (Singularity University), l'appui tant technique que financier des milieux universitaires comme Stanford ou le MIT et de l'industrie des biotechnologies. À cette liste peuvent se rajouter la NASA, ARPANET (ancêtre militaire américain d'Internet aux avant-gardes du combat transhumaniste) et Google qui s'intéresse aussi au séquençage ADN *via* sa filiale 23andMe, dirigée par l'ex-femme de Sergueï Brin, son cofondateur.

Rappelons que c'est à New York, les 15 et 16 juin 2013, qu'a eu lieu la deuxième édition[1] du désormais plus important rassemblement transhumaniste

1. La première édition était à Moscou en 2012.

du monde : Global Future 2045, fondé par le milliardaire russe Dmitry Itskov[1].

On l'aura compris, Google en particulier, et les Américains en général, nous conduit à une civilisation transhumaniste. S'il fallait encore quelques preuves pour mieux s'en persuader, voilà les huit principaux points de la déclaration transhumaniste de 1999[2] :

1. L'avenir de l'humanité va être radicalement transformé par la technologie. Nous envisageons la possibilité que l'être humain puisse subir des modifications, telles que son rajeunissement, l'accroissement de son intelligence par des moyens biologiques ou artificiels, la capacité de moduler son propre état psychologique, l'abolition de la souffrance et l'exploration de l'univers.
2. On devrait mener des recherches méthodiques pour comprendre ces futurs changements ainsi que leurs conséquences à long terme.
3. Les transhumanistes croient que, en étant généralement ouverts à l'égard des nouvelles techniques et en les adoptant, nous devons favoriser leur utilisation à bon escient au lieu d'essayer de les interdire.
4. Les transhumanistes prônent le droit moral, pour ceux qui le désirent, de se servir de la technologie

1. Dmitry Itskov, né en 1980, milliardaire russe, s'est fixé un objectif pour le moins original : permettre aux êtres humains de vivre éternellement d'ici 2045. Un projet fou qu'il compte notamment concrétiser *via* son ONG née en 2011, « Initiative 2045 », qui rassemble 23 éminents scientifiques, technologues et autres leaders d'opinion.
2. http://www.transhumanism.org/index.php/WTA/more/148

pour accroître leurs capacités physiques, mentales ou reproductives et d'être davantage maîtres de leur propre vie. Nous souhaitons nous épanouir en transcendant nos limites biologiques actuelles.

5. Pour planifier l'avenir, il est impératif de tenir compte de l'éventualité de ces progrès spectaculaires en matière de techniques. Il serait catastrophique que ces avantages potentiels ne se matérialisent pas à cause de la technophobie ou de prohibitions inutiles. Par ailleurs, il serait tout aussi tragique que la vie intelligente disparaisse à la suite d'une catastrophe ou d'une guerre faisant appel à des techniques de pointe.
6. Nous devons créer des forums où les gens pourront débattre en toute rationalité de ce qui devrait être fait ainsi que d'un ordre social où l'on puisse mettre en œuvre des décisions responsables.
7. Le transhumanisme englobe de nombreux principes de l'humanisme moderne et prône le bien-être de tout ce qui éprouve des sentiments, qu'ils proviennent d'un cerveau humain, artificiel, posthumain ou animal. Le transhumanisme n'appuie aucun politicien, parti ou programme politique.
8. Nous prônons une large liberté de choix quant aux possibilités d'améliorations individuelles. Celles-ci incluent les techniques qui pourraient être développées afin d'améliorer la mémoire, la concentration, l'énergie mentale, telles les thérapies permettant d'augmenter la durée de vie, ou d'influencer la reproduction, la cryoconservation, et beaucoup d'autres techniques de modification et d'augmentation de l'espèce humaine.

En résumé, le citoyen transhumain est un être autonome qui n'appartient à personne d'autre qu'à lui-même, qui décide seul des modifications qu'il souhaite apporter à son cerveau, à son ADN ou à son corps, au fil des avancées de la science, considérant que la maladie et le vieillissement ne sont pas une fatalité. La domestication de la vie pour augmenter ses capacités est l'objectif central, et l'humanité ne devrait avoir aucun scrupule à utiliser toutes les possibilités de transformation offertes par la science.

Ces perspectives sont-elles optimistes, naïves ? Peut-on les considérer comme réalistes, hypothétiques, prospectives, utopiques ?

Chapitre 3

# La technologie NBIC et la *Singularity University*

## La fin de la sélection darwinienne et ses implications

L'être humain se « répare » désormais au fur et à mesure qu'il découvre ses « imperfections » (résistance aux maladies, malformations, dégénérescence, mort précoce...), et de l'homme « réparé » il va vers l'homme « augmenté » grâce au pouvoir fusionnel de la technologie avec l'intelligence humaine. L'homme devient un terrain exploitable, un être perfectible, modifiable par lui-même. *Homo Sapiens 2.0* pourrait bien devenir la première espèce « libre », au sens où il échapperait aux incertitudes de la sélection naturelle.

« La vision transhumaniste considère que nous sommes le fruit d'une évolution due au hasard, et milite pour une modification *ad libitum* du corps humain[1] » afin de remédier à la sélection naturelle darwinienne. Notons que cette sélection s'est amoindrie depuis que l'homme s'est mis à se protéger de son environnement, en particulier en assurant la viabilité d'individus qui, jadis, n'auraient pas survécu[2].

1. Laurent Alexandre, *La Mort de la mort*, JC Lattès, 2011.
2. L'idéal de correction des inégalités ajouté au refus de la sélection trouve aujourd'hui son apogée dans le concept de discrimination positive.

Comme l'explique Laurent Alexandre[1], pendant un milliard d'années, la vie n'était qu'un grand système coopératif, une sorte de communauté génétique avec des échanges de gènes entre cellules primitives. Chaque cellule bénéficiait des innovations des voisines et dès qu'un nouveau gène était créé, il se répandait sans opposition. L'ancêtre ultime de toute forme de vie sur terre se nomme LUCA (*last universal common ancestor*), dernière cellule commune, qui a vu le jour il y a 3,2 milliards d'années. Tout être vivant sur terre, partage ce code génétique originel à d'infimes différences près.

Une longue période de sélection s'ensuit, aboutissant à l'émergence du cerveau des primates et de l'homme. L'homme, animal très généraliste, n'a survécu que grâce à sa plasticité comportementale liée à l'originalité de son développement cérébral. Séparé du chimpanzé il y a sept millions d'années, peu de gènes l'en distinguent. Pendant quatre milliards d'années, les individus les moins adaptés ont disparu. D'un point de vue strictement biologique, la seule chose qui compte pour l'évolution est la survie de l'espèce. Elle « bricole » sans but, sauf celui d'arriver au stade de la reproduction. Avant ce stade, elle met tout en œuvre pour que nous soyons au « top » de notre forme. Après, elle n'intervient plus, la longévité de chaque espèce devenant un compromis entre les individus et leur environnement[2].

1. Laurent Alexandre, *op. cit.*
2. Nous vivons désormais plusieurs décennies après notre phase de reproduction, aucune espèce ne connaît de période de dégradation postreproduction aussi longue que celle de l'homme moderne !

« Si nous ne nous étions reproduits qu'à l'identique depuis le début de la vie, nous ne serions actuellement que des cellules primitives (protocellulaires) baignant dans la soupe originelle.[1] » Les mutations ont permis l'évolution par une adaptation à l'environnement, grâce à un mécanisme de succession des générations où l'équilibre de vie reposait sur sa durée la plus courte possible, et une succession rapide des espèces. Dès 1970, Jacques Monod (colauréat du prix Nobel en 1965 pour ses travaux en génétique) avait compris que, sans sélection naturelle, le génome se dégraderait.

Laurent Alexandre[2] nous rappelle aussi que l'organisation génétique de l'homme est très fragile. Sans la sélection naturelle et/ou sans l'intervention de la technomédecine, nous nous dirigeons vers une dégradation progressive de notre fonctionnement biologique, de notre génome, de nos capacités cérébrales. Bien évidemment, nous ne pouvons redevenir des êtres « primitifs », le chemin inverse étant impossible, mais ce qui nous guette est une forte détérioration de nos facultés (comme la perte de l'odorat) ; car si l'évolution ne peut pas aller à rebours, elle ne va pas non plus forcément dans le bon sens. L'évolution positive n'est pas une nécessité. Les mutations génétiques aléatoires touchent quelques bribes de l'ADN mais elles conservent les quatre milliards d'années d'évolution du brouillon génétique que sont nos chromosomes (par exemple, nos osselets dans l'oreille interne sont d'anciens

1. Laurent Alexandre, *op. cit.*
2. *Idem.*

morceaux de mâchoire de reptiles). Notre ADN est à la fois notre passé et notre futur. Sa réplication (dont les modifications fonctionnent suivant un système fractal[1]) ne connaît pas le « zéro défaut » et le sens de ces défauts est imprévisible. À chaque génération cellulaire, elle se trompe peu (seulement trois erreurs en moyenne à chaque réplication pour plus de 3 milliards d'éléments à recopier), mais ces quelques fautes sont les portes ouvertes au changement.

L'évolution, de son côté, poursuit Laurent Alexandre, réarrange parfois à sa manière certaines choses. Le gène FOXP2[2], par exemple, qui est le pivot de l'écholocalisation chez la chauve-souris, s'est vu attribuer une nouvelle fonction chez l'homme : il y joue un rôle essentiel dans le langage. Elle peut aussi imiter les informaticiens en rafistolant un code génétique, en le dédoublant, en faisant des « copiés-collés », en le modifiant même. « Malheureusement personne ne nettoie jamais le code », nous dit Laurent Alexandre[3]. Autrefois, pour remédier à cela le juge de paix était l'adaptabilité (un code mal adapté n'était pas transmis). Désormais, sans la pression de la sélection naturelle, des modifications malheureuses

1. La propriété la plus connue des fractales est leur autosimilarité. Ceci signifie qu'à différentes échelles, une partie de la fractale sera similaire à la fractale dans son intégralité, et ce aussi loin que l'on puisse « zoomer ».
2. La protéine *Forkhead-Box P2* (FOXP2) est un facteur de transcription appartenant au groupe des protéines *Forkhead-Box*. Elle a été découverte pour la première fois en 1998.
3. Laurent Alexandre a fondé le site Doctissimo. Aujourd'hui à la tête de la plus importante plateforme privée de séquençage ADN en Europe : DNAvision.

de notre génome ont une grande chance de se transmettre et de s'accumuler.

« La société moderne a permis à des gens porteurs de modifications accidentelles d'ADN de survivre. Génération après génération, ces modifications vont se combiner et se cumuler. » Cette dégradation reste partiellement masquée, parce que la civilisation, la culture et l'éducation se substituent rapidement à l'évolution darwinienne (cette dernière étant beaucoup plus lente). Mais, la variabilité du patrimoine génétique va augmenter considérablement, et il nous faudra intervenir pour corriger les erreurs (car évidemment on ne pourra pas réintroduire des mécanismes darwiniens !).

## Le cerveau, l'intelligence et la conscience

Dans *La Mort de la mort*[1], Laurent Alexandre explique que le recul de la sélection naturelle est en particulier préoccupant pour notre cerveau[2] parce que la pensée et la conscience, spécificités de l'être humain, reposent sur l'organisation de son système nerveux central dont la régulation génétique est très complexe. Sans sélection il n'y a plus de raison que nos capacités intellectuelles se maintiennent (on peut perdre en 1 000 ans une faculté majeure comme les yeux chez les animaux vivant dans l'obscurité).

1. Laurent Alexandre, *op. cit.*
2. L'accumulation de connaissances et des capacités cognitives est limitée par la taille du cerveau, elle-même limitée par le mode de naissance : si l'enfant naissait d'une matrice artificielle, la taille de son cerveau n'aurait plus de limite.

Le cerveau se bâtit grâce à un déterminisme génétique, des réponses à l'environnement et une certaine dose de hasard. L'intelligence vient en grande partie de la capacité génétique de notre cerveau à se construire en fonction des stimuli auxquels il est soumis. Un bon neurone doit établir mille connexions. Ceux qui échouent se font *hara-kiri*. Un neurone qui n'est pas soumis à des stimuli disparaît. Nos gènes ne déterminent qu'un cadre général d'organisation de notre cerveau, tandis que le rôle de l'environnement culturel et éducatif est crucial dans la construction de notre être, et notre comportement futur agira sur l'expression de nos gènes[1]. « La mémorisation d'un souvenir, par exemple, correspond à la création de nouvelles synapses entre les neurones de l'hippocampe, cette synapse va ensuite modifier notre activité cérébrale et donc notre façon de penser ; le cerveau se construit ainsi à tout moment… et c'est sur cette base que l'intelligence se développe.[2] » « Jean-Pierre Changeux[3] et Gérald Edelman[4] ont été les premiers à comprendre

1. L'épigénétique étudie ces mécanismes moléculaires, en observant l'évolution de l'expression du patrimoine génétique en fonction des contextes environnementaux.
2. Laurent Alexandre, *op. cit.*
3. Jean-Pierre Changeux (né en 1936) est un neurobiologiste connu pour ses travaux concernant la relation entre l'esprit et le cerveau. Dans son livre *Matière à penser*, il défend le concept selon lequel le système nerveux est actif plutôt que réactif et que l'interaction avec l'environnement, au lieu d'être instructive, résulte de la sélection de représentations internes préexistantes. Il est membre de l'Académie des sciences depuis 1986.
4. Gérald Maurice Edelman (1929-2014) était directeur de l'Institut de neurosciences à La Jolla, en Californie. Il a reçu le prix Nobel de médecine en 1972 (avec Rodney Porter) pour ses recherches sur les anticorps.

que le darwinisme des synapses s'ajoute au darwinisme des gènes. [...] C'est notre cerveau qui pense, mais penser le modifie[1]. »

Voilà pourquoi la biologie de la conscience n'est pas bâtie exclusivement selon des instructions de nos gènes. Toujours selon Laurent Alexandre : « Notre cerveau ne se construit pas à partir d'un programme génétique rigide et figé, mais par sélection des connexions cérébrales qui sont pertinentes dans un environnement donné » : raison pour laquelle chaque individu est unique, et non le produit déterministe de ses gènes. Dans cette biologie de la conscience et de l'intelligence, notre ADN joue le rôle d'organisateur : nos gènes ne déterminent pas le fonctionnement individuel de nos neurones[2], ils leur donnent les instructions générales. Notre génome possède un pouvoir bien supérieur au volume d'informations qu'il comporte, tel un programme informatique compressé. Et c'est justement parce que nos gènes n'organisent qu'un schéma directeur que notre

1. Laurent Alexandre, *op. cit.*
2. L'évolution a inventé le neurone, une cellule spécialisée dans la production d'influx électriques. L'ADN donne à nos neurones une « boîte à outils » et le gène donne au réseau la capacité de se câbler en fonction de l'environnement et de l'évolution. Nous avons 25 000 gènes pour piloter 100 milliards de neurones chacun connecté à 1 000 ou 10 000 autres. Le cerveau possède donc la capacité génétique de se « câbler » en réaction à l'expérience et il a acquis la capacité de se modifier non seulement par rapport à l'environnement mais aussi en fonction d'expériences cognitives internes : la conscience et le rêve en sont la traduction. C'est cette faculté qui est à l'origine de la pensée. Penser modifie le câblage neuronal qui en retour oriente notre activité cérébrale future. Cf. Laurent Alexandre, *op. cit.*

cerveau est si sensible à des mutations génétiques. Chacun possède des capacités qui, dans un environnement donné, se développeront, ou ne s'exprimeront jamais. Mais ce qui est sûr, c'est que « le gène de l'intelligence n'existe pas » ; raison pour laquelle on ne pourra jamais l'augmenter génétiquement. Jean-Louis Mandel[1] affirme que, même pour un transhumain, l'augmentation intellectuelle passera par la machine et un corps !

Comme le montrent tous ces mécanismes, la conscience n'est pas le résultat d'un schéma rationnel. Les séquences de notre génome régulant notre cerveau sont tout sauf logiquement ordonnées, sans but et parfois contradictoires. Jean-Michel Truong[2] s'efforce même de démontrer que la vie qui a commencé avec des composés de carbone pourrait tout à fait continuer avec d'autres supports[3] et qu'elle n'est pas enchaînée à l'ADN ; ce qui fait dire à Jean-Michel Besnier que « l'intelligence n'a pas besoin constitutivement de l'homme pour exister et qu'elle pourrait trouver un régime optimal dans l'univers

1. Jean-Louis Mandel, né en 1946, est un médecin généticien, professeur de génétique humaine au Collège de France depuis 2004.
2. Jean-Michel Truong, né en 1950, est un psychologue et philosophe. Il est fondateur, avec Alain Bonnet et Jean-Paul Haton, de Cognitech, première société européenne spécialisée en intelligence artificielle. Théoricien du transhumanisme et du posthumanisme, il a créé la figure du Successeur, qu'il définit comme « cette forme de vie nouvelle susceptible de prendre la suite de l'Homme comme habitacle de la conscience ». Truong parle de « dépassement » et non de « destruction » de l'Homme par son Successeur.
3. Jean-Michel Truong, *Totalement inhumaine*, Le Seuil, 2001.

des artefacts ». La création de l'intelligence artificielle n'est-elle pas un bon début ?

Sans sélection naturelle, notre génome est en danger. Face à ce phénomène de dégradation naturelle, que peut-on faire ? Le réparer, le régénérer va forcément passer par la science, le développement de l'ingénierie génétique, la technomédecine, et la difficulté restera d'essayer de préserver une bioéquité pour éviter une société à plusieurs vitesses génétiques.

La convergence NBIC est-elle une réponse possible ?

## La révolution NBIC : conséquences, dangers, transgressions

NBIC désigne un domaine scientifique multidisciplinaire qui se situe au carrefour des nanotechnologies (N), des biotechnologies (B), de l'intelligence artificielle (I) et des sciences cognitives (C). Cette interconnexion entre l'infiniment petit (N), la fabrication du vivant (B), les machines pensantes (I) et l'étude du cerveau humain (C) tend à nous prouver aujourd'hui que les améliorations qu'elle va nous apporter seront une des réponses à notre évolution. Tout le monde semble s'accorder sur le fait que « la question n'est plus de savoir si la technologie va modifier ou non radicalement l'être humain, ce fait étant acquis, mais de réfléchir aux conséquences, dangers, transgressions possibles, et de savoir jusqu'où il est raisonnable d'aller[1] ».

1. Laurent Alexandre, *op. cit.*

Le cours de notre histoire n'est pas un long fleuve tranquille, et il n'est pas inutile de rappeler que, si chaque découverte importante a été la conséquence d'une nouvelle capacité à maîtriser la matière, elle a aussi été suivie de révolutions sociales importantes et a généré certaines catastrophes que l'on ne peut malheureusement pas effacer ni de nos mémoires ni de notre histoire. La technologie NBIC fera-t-elle exception à la règle ?

Après les découvertes majeures du feu et des premiers outils, c'est à la fin du XVIIIe siècle qu'apparaît la première révolution scientifique et industrielle significative, et avec elle, la maîtrise de la précision millimétrique, d'où l'émergence de l'industrie lourde. Au XXe siècle le micromètre fait naître les premiers ordinateurs. Aujourd'hui, le XXIe siècle contrôle le moléculaire, l'atomique, d'où ont surgi les nanotechnologies[1] avec, à leur suite, les biotechnologies. Le 21 janvier 2010, le président Bill Clinton a officiellement lancé le programme fédéral sur les biotechnologies en affirmant que « même si les projets ne marchent qu'à 10 %, cela changera ce qu'être humain veut dire ». Et, considérant l'innovation et la créativité comme appartenant à tous, il demande en particulier que le génome humain ne soit pas brevetable. Le programme américain se lance alors à fond dans la convergence de plusieurs disciplines regroupées sous les initiales NBIC[2] :

1. Le nano équivaut à $10^{-9}$m ; il est au mètre ce qu'un melon est à la terre !
2. N = nanotechnologie (technologie à l'échelle atomique), B = biologie, I = informatique, C = sciences cognitives (Intelligence artificielle associée aux sciences du cerveau).

l'expression « convergence NBIC » est née ! Cela tombe à pic, car nanotechnologies, biotechnologies, informatique et sciences cognitives sont aussi les axes de recherche du programme transhumaniste.

Dans ce sillage, Ray Kurzweil, spécialiste de l'intelligence artificielle, prêche que les NBIC vont permettre de faire reculer la mort de façon spectaculaire dès le XXI^e^ siècle. Google l'embauche sans hésiter comme ingénieur en chef pour faire de son moteur de recherche la première intelligence artificielle de l'histoire. Quelque temps après apparaît CALICO (California Life Company), société indépendante de biotechnologies fondée en 2013 par Google, dans le complexe ultra protégé et secret Google X Lab, avec l'objectif de défier le vieillissement et les maladies associées. Nick Bostrom et Aubrey de Grey[1] affirment dans la foulée qu'il faut changer l'espèce humaine, construire sa propre humanité, une humanité personnalisée, car nous serons incapables de résoudre les problèmes que nous avons nous-mêmes créés, et le neurologue Anjan Chatterjee pose la question de savoir si finalement s'améliorer n'est pas le moyen de s'adapter.

La communauté européenne, de son côté, n'est pas en reste, puisqu'elle investit en 2013 plus d'un

1. Aubrey David Nicholas Jasper de Grey (né en 1963) est un scientifique britannique. S'inspirant du Dr Denham Harman, il propose de développer un moyen de régénérer les tissus cellulaires permettant de rajeunir et d'étendre l'espérance de vie humaine à l'infini (projet SENS).

milliard d'euros pour le Human Brain Project[1] avec pour objectif de simuler le cerveau humain grâce à un superordinateur. La France héberge quelques pôles technologiques qui vont dans le sens des technologies de la Singularité : à Grenoble on travaille sur les nanotechnologies, à Lyon on investit dans la robotique et, du côté de la santé, les investissements sont distribués un peu partout sur le territoire.

À l'évidence la révolution technologique est en marche et dans l'impossibilité d'enrayer sa progression, il va nous falloir l'accompagner, gérer cette rupture de la condition humaine vers laquelle nous nous acheminons, pour accueillir sereinement notre futur. « Une seconde de vie pesant plus lourd dans la balance des choix que tous les traits de morale[2] », les apports des NBIC (même si certaines actions inquiètent spontanément alors que d'autres dépendent du point de vue où l'on se place) vont s'imposer naturellement à notre paysage, aidés en cela par « une puissante dynamique sociale d'acceptation qui passe par l'émotion et l'égalitarisme[3] ».

Mais dans cette tourmente, même s'il paraît évident qu'un malade est prêt à prendre beaucoup plus de risques afin de « guérir » qu'une personne saine qui

1. Les résultats obtenus ont pour but de développer de nouvelles thérapies médicales plus efficaces sur les maladies neurologiques qui affectent deux milliards de personnes à travers le monde. Ce projet est dirigé par une équipe de l'École polytechnique fédérale de Lausanne (EPFL), codirigé par l'université de Heidelberg, le centre hospitalier universitaire vaudois et l'université de Lausanne, en collaboration avec plus de 90 universités et hautes écoles réparties dans 22 pays différents.
2. Laurent Alexandre, *op. cit.*
3. *Idem.*

ne souhaite que « s'améliorer », on doit se poser les questions de savoir si s'améliorer peut être dangereux, quelles dérives éventuelles cela entraînerait, s'il y a des limites à ne pas dépasser et quelles pourraient être les conséquences de nos actes.

Laurent Alexandre[1] évoque très justement quelques dérives possibles : dans le domaine médical, par exemple. Depuis Hippocrate, toutes les facultés de médecine enseignent les différents soins à procurer aux malades pour les guérir lorsqu'un problème survient ; nos jeunes carabins apprennent comment restaurer un état de santé initial jugé normal. Être en bonne santé de nos jours consiste à être dans la norme de fonctionnement moyen de notre espèce. Si l'on est hors norme, c'est-à-dire malade, on essaye de nous normaliser, c'est-à-dire de nous guérir. Dans un futur proche, il s'agira de traiter des individus avant qu'ils ne tombent malades. Le déclenchement d'une maladie sera un échec (alors que désormais c'est le point de départ). La médecine deviendra celle des « 4 P » : prédictive, préventive, personnalisée, participative. Elle soignera l'organisme dans sa globalité au lieu de le traiter organe par organe. La médecine segmentée en spécialités est donc *a priori* condamnée. Au raisonnement déductif traditionnel, va succéder un raisonnement purement inductif consistant à accumuler un maximum de données que l'on interprétera ensuite. La notion de « malade » va s'estomper. La notion de norme, qui désigne la limite entre santé et maladie, va progressivement disparaître, car avec les nouveaux moyens

1. *Idem.*

de détection, la santé pourra porter en elle la maladie future. Il ne sera donc plus possible de faire référence à un fonctionnement normal dans la mesure où chaque organisme sera pris en compte avec ses particularités. Nous allons entrer dans une démarche permanente de gestion de notre état biologique. Le patient transhumaniste devient le « manager » de sa santé.

Une autre conséquence sera la pleine intégration de la logique environnementale dans la médecine de demain. Pour Laurent Alexandre encore, il existe des gènes de prédisposition à des capacités particulières (capacités cognitives), mais ce sont les stimulations de la vie qui façonnent l'individu et développent ou pas ces capacités : l'environnement familial et affectif a presque autant d'importance que le patrimoine génétique. Lorsqu'on ajoute à cela qu'il y a très peu de gènes propres à l'homme dans notre ADN et que la nature profonde d'un individu n'est pas associée à son profil génétique, on ne peut prétendre connaître la vie d'un individu juste en regardant ses gènes (comme on ne peut prédire un accident futur d'une voiture en la regardant sortir de la chaîne d'assemblage). La génétique nous dit aussi que le débat inné/acquis a peu de sens car dans la réalité il s'agit de phénomènes complètement imbriqués. En effet, les marqueurs génétiques indiquent en général une probabilité de développer telle ou telle maladie évaluée par des méthodes statistiques, mais la possession d'un gène de prédisposition s'exprimera de façon différente chez l'un ou chez l'autre, en fonction de son mode de vie. Donc, l'attention à l'environnement et la volonté de le protéger iront de pair avec une médecine utilisant les avancées de la génétique et les découvertes dues à la convergence NBIC.

Même si nous pouvons concevoir comme une nécessité cette révolution NBIC face à un monde de moins en moins soumis à la loi naturelle darwinienne, il n'en reste pas moins que cela comporte des risques de transformation non contrôlée tant au niveau de l'individu que de la société, voire de l'humanité. L'étape vers laquelle nous nous acheminons, l'état modifié de l'homme, sera irréversible.

Toujours selon Laurent Alexandre[1], l'attraction des NBIC primera sur les risques, car les populations sont demandeuses de toujours plus de transgressions. Le progrès par le contrôle du vivant semble donc éminent ; qui pourra soutenir ouvertement que « la loterie est préférable à la raison » ? Les « oui » à l'aléatoire génétique (pour conserver la liberté) s'opposeront aux « non » à toute souffrance inutile (qui peut être supprimée ou évitée). Car la transgression s'imposera en touchant la corde sensible de la société : les émotions. L'empathie des foules, accompagnée d'une bonne presse, permettra à chaque transgression de se transformer en technologie de l'espoir et ne représentera plus du tout un problème ni un obstacle quand elle sera synonyme de confort.

L'histoire peut témoigner que l'homme ne résiste pas longtemps à utiliser la nouveauté et qu'il ne peut pas « désapprendre un savoir ». Toujours selon Laurent Alexandre, le glissement du défendu vers le

1. *Idem.*

toléré, puis vers le permis et parfois vers l'obligatoire s'opère au rythme des découvertes scientifiques (le bébé médicament est la preuve de la tolérance grandissante des sociétés démocratiques). Les frontières du tolérable bougent aussi facilement que silencieusement et sans rupture violente. Ce que l'on dit des nouveaux traitements « améliorants », on le disait déjà de la chirurgie esthétique. Il n'est pas si loin le temps où elle posait des problèmes de sécurité, était considérée comme frivole, constituait une injustice sociale (tout le monde ne pouvant pas s'offrir ce luxe). Désormais, plus personne ne voit d'objection morale à sa pratique ! On peut tout à fait imaginer que cela se passe de la même façon pour l'amélioration de l'être humain.

La transgression commence très souvent au côté de la compassion. Actuellement, les militaires sont un des fers de lance des technologies NBIC : il faut réparer les dommages de guerre. Faut-il donner des bêtabloquants aux soldats pour qu'ils ressentent moins la répulsion de tuer ? Puisque de toutes les façons ils ont choisi ce métier, ils n'en seraient que meilleurs ! Faut-il les bourrer de modafinil[1] pour leur permettre de rester éveillés 72 heures ? Faut-il donner systématiquement aux soldats revenant de conflit du propranolol[2] afin qu'ils ne développent pas de syndrome posttraumatique ? Aujourd'hui, ce sont les États-Unis et la Corée qui sont les pays les plus avancés en robotique militaire. Leur dernière

1. Le modafinil est un psychostimulant utilisé dans le traitement de la narcolepsie et de l'hypersomnie idiopathique.
2. James W. Black a obtenu le prix Nobel de médecine en 1988 pour cette découverte.

invention LS3 surnommée « la mule » est un quadrupède capable de porter plus de 180 kg de matériel. Leur humanoïde Atlas[1] engagé dans le DARPA (Defence Advanced Research Projects Agency) *Robotics Challenge*[2] est arrivé deuxième des épreuves, après le super gagnant sud-coréen DRC-HUBO.

Un autre vecteur fort en faveur de la transgression sera l'égalitarisme : « Qui pourra soutenir qu'il est souhaitable de maintenir un écart de quatorze ans d'espérance de vie entre les cadres et les ouvriers agricoles[3] ? » Une conception particulière de l'existence comme but en soi s'impose doucement, raison pour laquelle les bionanotechnologies triompheront, car elles ouvrent la perspective d'un contrôle quasi absolu des risques. La demande permanente de sécurité (au nom de laquelle on légitime *de facto* toute entrave à la liberté) et la volonté de protection de la vie à tout prix prennent la forme d'une volonté délirante de suppression du risque, alors que celui-ci fait partie intégrante de l'existence. L'État est désormais lourdement sanctionné par les foules et rendu responsable quand un drame arrive : « il aurait dû savoir », « il aurait dû prévoir », « légiférons » !

Christian de Duve[4] nous rappelle qu'« il y a une hypertrophie de l'intelligence chez l'homme qui n'a

1. Atlas fabriqué par Boston Dynamics est la propriété de Google. Il fait 150 kg pour 1,8 m.
2. Compétition internationale qui vise à développer des robots capables d'aider les humains lors de catastrophes naturelles ou artificielles.
3. Laurent Alexandre, *op. cit.*
4. Christian René Marie Joseph, vicomte de Duve (1917-2013), docteur en médecine et biochimiste, prix Nobel de médecine en 1974.

pas été accompagné d'un développement semblable de notre sagesse » et qu'« une mutation rapide de l'humanité est nécessaire pour éviter une autodestruction causée par ce déséquilibre entre génie et sagesse ». Il est en conséquence fort à parier que si les hommes, dans leur grande majorité, demandent un corps augmenté, et qu'accéder à ce désir ne leur est pas possible, ils s'élèveront contre les politiques qui le leur refuseront, dixit Laurent Alexandre. Aidés des médias, trop friands d'exhiber les malheurs particuliers des uns pour toucher l'extrême sensibilité des autres, *vox populi* glissera du côté desdites transgressions possibles du courant transhumaniste.

Alors même que la « déferlante » transhumaniste semble inéluctable, il ne faut surtout pas penser que tout ce qu'elle nous laissera sur son passage sera négatif, loin de là. Mais elle ne pourra pas éviter l'expression des peurs, des incompréhensions, les mauvaises interprétations, les utilisations déviantes, les changements radicaux, entraînant de fait une forte opposition à son épanouissement.

## La singularité : définition

L'émergence du courant transhumaniste favorise dans la foulée l'adoption de nouveaux termes. « Singularité », mot le plus en vogue dans les milieux futuristes, est l'un d'eux, et mérite que l'on s'y attarde.

En anglais, *singularity* définit « un événement unique avec des implications singulières ». En français, le dictionnaire Larousse donne la définition suivante :

« Caractère de ce qui est unique en son genre ». Mais il existe plusieurs autres définitions de la singularité :

- En physique, une singularité gravitationnelle est un point spécial de l'espace-temps au voisinage duquel certaines quantités décrivant le champ gravitationnel deviennent infinies. Si une grosse étoile subit une explosion de type supernova, ses résidus s'effondrent en un point apparemment de volume zéro et d'une densité infinie : une « singularité » se crée en son centre. Ce phénomène est appelé trou noir. Cela constitue une rupture dans la trame de l'espace et du temps. L'univers aurait lui-même commencé avec une telle singularité.
- En mathématiques, une singularité est un point qui n'est pas bien défini : il s'agit d'une valeur qui transcende les limitations finies.
- En futurologie, la singularité est un concept selon lequel, à partir d'un point hypothétique de son évolution technologique, la civilisation humaine connaîtra une croissance technologique exponentielle, d'un ordre supérieur, qui, pour beaucoup, se nommerait intelligence artificielle. Au-delà de ce point, le progrès ne serait plus l'œuvre que d'intelligences artificielles, elles-mêmes en constante progression. Il induirait des changements tels sur la société humaine que l'individu d'avant la singularité ne pourrait ni les appréhender ni les prédire de manière fiable. Le risque pourrait en être la perte du pouvoir humain sur son destin. Les futurologues et les transhumanistes l'attendent en général pour la troisième décennie du XX^e^ siècle. Pour Ray

> Kurzweil[1], c'est l'instant de l'histoire où l'accélération technologique deviendra si rapide que tous nos modèles prédictifs actuels seront caducs. La singularité incarnerait, d'une manière non anthropomorphique, l'intelligence à venir, enfin débarrassée de ses limites corporelles.

La théorie de la singularité se fonde principalement sur la définition futuriste. Elle émet l'hypothèse que l'évolution exponentielle de la technologie informatique atteindra bientôt un point au-delà duquel il ne nous sera plus possible de l'appréhender. Cette théorie est basée sur la loi de Moore, qui postule un doublement de la puissance de calcul des ordinateurs tous les 18 mois. En extrapolant, il apparaît qu'en 2035 au plus tard, l'homme aura créé une intelligence supérieure à la sienne mettant ainsi fin à l'ère humaine : c'est du moins la conception classique de la singularité selon Vernor Vinge.

Selon cette dernière définition, la cause la plus probable d'une singularité sera la création d'une forme d'intelligence supérieure à l'être et désignera le moment où l'esprit humain sera dépassé par l'intelligence artificielle. Pour de nombreux penseurs, comme James Miller (professeur d'économie associé au *Smith College*, Massachusetts, États-Unis), la singularité aura bien lieu : « Nous ne sommes plus dans la phase initiale visant à poser son principe, mais bien dans celle où nous devons approfondir et travailler sur ses impacts. »

---

1. Raymond Kurzweil, *The Singularity Is Near : When Humans Transcend Biology*, Viking Adult, 2007.

Ray Kurzweil en parle en ces termes : « La technologie se nourrit d'elle-même et va de plus en plus vite. Le rythme des changements sera rapide donc très difficile à suivre à moins d'améliorer notre propre intelligence en la fusionnant avec la technologie intelligente qu'on est en train de créer. Cela sera une transformation si profonde qu'on a emprunté ce terme à la physique : on l'a appelée la singularité [...]. La singularité est une période future pendant laquelle le rythme du changement technologique sera tellement rapide, son impact si important, que la vie humaine en sera transformée de façon irréversible. » Le résultat sera un monde toujours humain, mais qui transcendera nos racines biologiques. Il n'y aura plus de distinction entre les humains et les machines, entre la réalité physique ou la réalité virtuelle (un environnement simulé que nos sens percevront comme réel).

Pour Jean-Michel Besnier, « la singularité technologique repose sur une idée : la civilisation humaine connaîtra une croissance technologique telle que le progrès ne sera plus l'œuvre que d'intelligences artificielles en constante progression, sources d'évolutions tout à fait... imprévisibles. » Dans ces conditions, on peut s'inquiéter de notre devenir : allons-nous perdre notre « face » humaine et ressembler à des machines informes ? Que restera-t-il de l'humain dans un tel monde, à quoi ressemblerons-nous ?

Dans son livre *Humanity 2.0*, Ray Kurzweil répond : « Les machines du futur seront humaines même si elles ne seront pas biologiques [...]. La plupart de l'intelligence de notre civilisation sera finalement non biologique. Notre civilisation restera humaine, cependant, elle sera, sous de nombreux aspects, beaucoup plus exemplaire de ce que nous considérons comme humain aujourd'hui. » Et comme s'il était besoin de nous rassurer, il poursuit : « De nombreuses personnes se focalisent sur ces changements en commentant ce qu'ils perçoivent comme la perte d'un aspect vital de notre humanité pendant sa transition. Cette perspective est née cependant d'une incompréhension sur ce que notre technologie va devenir. Toutes les machines que nous avons jusqu'à présent rencontrées sont dépourvues de la subtilité essentielle des qualités biologiques humaines [...] mais l'application la plus déterminante de la singularité est la suivante : notre technologie va rejoindre et ensuite largement excéder le raffinement et la qualité de ce que nous considérons comme les meilleurs traits humains. »

## L'Université de la Singularité

Ray Kurzweil et Peter Diamandis créent en 2009 l'Université de la Singularité, avec pour slogan : « Rendre possible l'impossible ! »

Cet établissement, hébergé à l'intérieur du parc de recherche de la NASA près de Palo Alto dans la Silicon Valley, déclare « éduquer, inspirer et habiliter les futurs leaders internationaux, en appliquant les technologies exponentielles pour faire face aux grands défis de l'humanité » et aux grandes accélérations du changement. L'école est en quelque sorte un accélérateur de projets. Petit clin d'œil à ce propos : sur l'aplat de la bague universitaire de l'institut, est représentée une fusée à côté du nombre $10^{9+}$, ce qui veut dire que chaque projet doit avoir au minimum un effet positif sur plus d'un milliard d'individus ! Dans la pratique, rares sont ceux qui génèrent ou exploitent véritablement autant « d'exponentialités »[1]. Mais l'idée est là.

L'objectif de cette université est de trouver les meilleurs élèves au monde et les meilleurs cadres dirigeants, afin de leur enseigner les technologies émergentes, d'augmenter leurs performances *via* la technologie, en se concentrant sur la façon d'utiliser celle-ci pour résoudre les grands problèmes du monde comme la santé, l'eau, l'énergie, l'environnement, la nourriture, l'éducation, la sécurité, la pauvreté.

Les domaines étudiés sont principalement l'intelligence artificielle (IA), la robotique, les matériaux nano, la biotechnologie, la bio-informatique, la médecine.

Dans le domaine de la santé et du bien-être, voici quelques exemples récents d'applications émanant de la promotion 2014[2] : l'usage de biomarqueurs analysant le sang des règles des femmes pour établir leur état de santé (développés par la société Besense), un capteur de détection de maladies sexuellement transmissibles (proposé par la société Hoope), une oreillette pour suivre la santé des patients et améliorer

1. Ce sont le plus souvent des applications de niche à la recherche de financement. Peu d'entre elles continueront à exister après leur gestation dans la *Singularity University*.
2. « Les stratégies industrielles de la singularité », publié le 24 mai 2015 et mis à jour le 28 mai 2015 sur le blog d'Olivier Ezratty.

l'audition (proposée par la société Peared, projet concurrent de celui de Bragi), un système à base de biomarqueurs standard et génétiques qui identifie des déséquilibres potentiels dans le style de vie et qui propose diverses recommandations (en cours chez Reload, sorte de 23andMe amélioré et plus pertinent selon certains), une caméra qui rappelle le concept du Memex et qui enregistre tout ce que l'on mange et ce que l'on fait, pour ensuite présenter des solutions (proposée par Mymemora).

D'autres secteurs moins scientifiques ont aussi été abordés : celui de la sécurité et de la gestion des désastres, avec un projet de détecteur de mines antipersonnel *low cost* (société Bibak) ; celui de l'éducation, avec l'élaboration d'un programme pour aider les enfants à apprendre (Learnylab) ou les professeurs à enseigner (société Literi) ; celui des transports, avec un projet de conversion *low cost* de véhicules à propulsion traditionnelle en voitures hybrides (Exponentialmotors) ; et celui de la construction, avec un projet permettant de transformer une grue de chantier en imprimante 3D de bâtiments (société Tridom).

Complètement intégrées dans un système d'économie sociale et solidaire, toutes ces propositions penchent vers l'utile et aucune d'elles ne semble poser de question éthique ou existentielle particulière.

Enfin, il est curieux de constater qu'en France, certains représentants se défendent de voir qualifié de « transhumaniste » l'Université de la Singularité, cette image étant née, d'après eux, d'une confusion entre la position de l'établissement lui-même et les opinions de l'un de ses fondateurs, Ray Kurzweil, transhumaniste convaincu. Voilà bien la *french touch*, une querelle de clocher à la Don Camillo ! Car, pourquoi pinailler ? Avons-nous peur d'exprimer ce qui est, d'afficher une opinion, d'appeler un chat un chat, ou craignons-nous d'être politiquement incorrects ? « Après tout, qu'est-ce que le transhumanisme ? Personne n'a, me semble-t-il, de définition exacte. Est-ce que l'invention d'un cœur artificiel, capable de sauver une vie, est transhumaniste ? », rétorque Zak Allal[1], un des porte-parole chargés d'implanter en 2017 une antenne de l'université sur notre territoire. Il ajoute même à notre égard : « Je pense que la France perd de précieuses années avec ces considérations, et que se cache, derrière ces critiques, la peur d'une domination de Google et plus généralement des États-Unis. » L'avenir résoudra sans aucun doute ce dilemme !

1. Interview de Zak Allal, représentant de l'Université de la Singularité en France, par Antoine Lhermenault, publiée le 19 mai 2015 dans *Le Figaro.fr Étudiant*. L'Université de la Singularité fait un premier pas en France en lançant une compétition auprès d'élèves ingénieurs de Télécom ParisTech. Le lauréat recevra une bourse de 35 000 dollars financée par le Crédit Agricole, lui permettant d'étudier dès 2016 dans cette université.

Deuxième partie

# La pensée transhumaniste

Chapitre 1

# Les origines

## Retour aux sources

Afin d'aborder au mieux la pensée transhumaniste, il est indispensable de faire un bref retour sur notre histoire. Jacques Attali[1], mieux que personne, développe comment sont apparus, puis se sont succédé les « pouvoirs » religieux, culturels, militaires, marchands et politiques. Il met ainsi en évidence comment leur évolution, parallèle au développement du vivant et à celle des sciences, a fait le lit du courant transhumaniste.

Il y a 30 000 ans, *Homo neandertalis* disparaît, laissant *Homo sapiens* amorcer le début de l'histoire de l'Homme. Les premières interrogations sur le devenir des individus après la mort se posent, en particulier celui des ancêtres. Le rêve d'un au-delà où ils seraient partis fait émerger l'idée d'une possible forme suprême. Ainsi naîtront les dieux[2].

Dix mille ans plus tard, les plus évolués des *Homo sapiens* s'installent au Moyen-Orient (Mésopotamie). À cette époque, le polythéisme, forme religieuse découlant d'un monothéisme primitif, aide à fonder

1. Jacques Attali, *Une brève histoire de l'avenir*, Fayard, 2012.
2. Dans le même temps, le cannibalisme commence à céder sa place au sacrifice religieux.

la politique. Le pouvoir sacré et l'ordre rituel commencent.

De 12 000 à 9 000 ans av. J.-C. au Proche-Orient, les premières maisons apparaissent. En Mésopotamie, les hommes distinguent « l'acte et ses conséquences » et commencent à cultiver des terres, c'est le début du sédentarisme. Les dieux deviennent maîtres de la terre comme du ciel[1], les premiers gros villages (environ 7 000 ans av. J.-C.) s'implantent et, avec eux, toute une nouvelle organisation sociale[2] : défense militaire, hiérarchisation des tâches, *etc.* On ne voyage plus que pour le commerce ou pour la conquête de nouveaux territoires afin d'établir de nouveaux États[3]. « Le sacré s'efface devant la force », l'ordre militaire s'installe. Le chef est un homme-dieu, souvent le seul à laisser une trace de son existence terrestre (un tombeau identifiable, par exemple). Ces nouveaux princes[4], le plus souvent tyranniques ou dictateurs, vont faciliter l'éveil de la notion d'individu et, à sa suite, celle de liberté. Deux mille quatre cents ans av. J.-C. (époque de Chéops), tout s'organise autour de l'appropriation des biens par la force, les grands royaumes deviennent de plus en plus difficiles à gérer et l'instabilité s'installe. À peu près à la même époque, les Mycéniens, les Phéniciens

1. En Chine, 5 000 ans av. J.-C. on découvre la céramique, le gouvernail, et le début de l'écriture qui permet de garder trace d'une des premières cosmogonies en Mésopotamie avec l'épopée de Gilgamesh (2 000 ans avant J.-C.). Ces textes resteront la matrice de la plupart des textes sacrés actuels.
2. La maîtrise du cheval et la découverte de la roue arrivent à cette même époque.
3. Grâce en particulier à la maîtrise du cuivre et du bronze.
4. Le premier prince dont le nom a été conservé (2 700 ans av. J.-C.) en Chine est Huang Di, et en Égypte le roi Ménès.

et les Hébreux, qui aiment le changement, ont en commun la passion du progrès, de la métaphysique, de l'action, du beau, du neuf. Ils fonctionnent suivant des droits politiques et économiques, le commerce et l'argent sont leurs armes majeures. Ils vont être, de fait, initiateurs des premiers pouvoirs marchands. Les premiers marchés et les premières démocraties s'esquissent de 1 400 à 1 200 ans av. J.-C. sur les rives de la Méditerranée. Le monde reste bien évidemment toujours à domestiquer, à conquérir, mais l'enrichissement matériel, autant que la force, deviennent une façon de se rapprocher du ou des dieux. Pour la première fois, la vie humaine prend de l'importance, « l'avenir d'un homme sur cette terre pourrait être meilleur que dans le passé ». Cet idéal deviendra celui de l'Occident et de l'ordre marchand, celui que l'on nomme « l'idéal judéo-grec[1] ».

Par la suite, philosophes, interprètes, marins, artistes, marchands, grâce aux développements des circuits commerciaux, vont favoriser les échanges d'idées entre tous les empires de l'Eurasie. Les marchands d'Athènes inventent la monnaie (expression de la valeur de chaque objet). L'argent et la démocratie vont progressivement retirer du pouvoir aux religieux, puis aux militaires, pour le confier aux marchands. Liberté individuelle et ordre marchand seront désormais inséparables.

Dans les années 500 av. J.-C., la première constitution démocratique est imposée aux Athéniens par

1. L'idéal judéo-grec : c'est la liberté en finalité plus le respect du code moral comme condition de survie. La richesse est un don du ciel mais la pauvreté est une menace. Cf. Jacques Attali, *Une brève histoire de l'avenir*, Édition Fayard, mars 2012.

Solon (sage grec, négociant et homme politique). Dans le même temps, Nabuchodonosor, roi babylonien, détruit Jérusalem tandis que l'empire égyptien voit sa fin. En Chine, Lao Tseu affirme que le bonheur est dans le « non agir » et que la seule vraie liberté est celle qui permet de ne pas dépendre de ses propres désirs. Confucius explique que le bonheur exige le respect. Gautama, en Inde, devient Bouddha. « L'Asie entend libérer l'homme de ses désirs (le monde est une illusion) tandis que l'Occident souhaite lui permettre d'être libre de les réaliser » (le monde étant le seul lieu de l'action et du bonheur).

Avec la naissance du christianisme, la richesse n'est plus une bénédiction, et l'amour de Dieu est la plus sacrée des valeurs. À partir de l'an 400, des bouleversements majeurs vont se succéder. En 476, l'Empire romain disparaît. Mohammed établit le Coran en 622, imposant l'Islam comme une force militaire, religieuse et politique. Dans les années 1148, l'Islam triomphe en Orient, mais abandonne l'Occident. Se fermant ensuite à la science, il perd son ordre marchand et décline. À peu près à la même époque, la Chine se retrouve dans une situation similaire. Ces deux grands empires tournent alors le dos à la compétition qu'impose l'ordre marchand, le cœur du pouvoir bascule vers l'Europe chrétienne. Une nouvelle classe dirigeante, composée essentiellement de marchands et de financiers, fait du contrôle des outils de travail son pouvoir, en s'alliant parfois à l'Église.

Après ce bref résumé du livre de Jacques Attali, on peut convenir que les transhumanistes, en dignes héritiers de ces anciens commerçants, financiers et politiques, sont en passe de créer un nouvel ordre, un nouveau pouvoir, celui de la technique combinée au biologique : le biopouvoir.

## Les origines philosophiques

Le désir humain d'acquérir les attributs posthumains est aussi ancien que l'espèce humaine elle-même. Les hommes ont toujours cherché à repousser les limites de leur existence, géographiquement ou spirituellement. Il y a en nous une tendance à toujours essayer de trouver un moyen de contourner toute restriction et tout obstacle : la quête d'immortalité, celle de la fontaine de Jouvence ou de l'élixir de vie, au même titre que tous les efforts ayant visé à empêcher le vieillissement et la mort, en sont l'expression. L'étude des rites funéraires, par exemple, montre que déjà l'homme préhistorique était profondément perturbé par la mort de ses proches et chercha très tôt à prolonger leur existence en imaginant un au-delà ; mais, en dépit de l'idée d'une vie après la mort, les gens ont continué à vouloir prolonger leur vie sur cette terre. Dans l'épopée sumérienne de Gilgamesh, un roi se lance à la recherche d'une herbe qui peut le rendre immortel. Puis, quelques siècles après, ce sera le tour de gens fortunés qui, voulant vivre plus longtemps, se lanceront dans le développement de la magie et de l'alchimie[1].

1. Cette stratégie a été adoptée, par exemple, par les différentes écoles ésotériques taoïstes en Chine, qui cherchaient l'immortalité physique et le contrôle ou l'harmonie avec les forces de la nature.

Les Grecs aussi seront attirés par l'homme qui transgresse les limites naturelles. Nous le voyons dans le mythe de Prométhée, dans celui de Dédale où, pour la première fois, les dieux sont remis en cause par un ingénieur et artiste intelligent, qui utilise des moyens non magiques pour augmenter les capacités humaines (même si, en fin du compte, l'entreprise se termine en catastrophe !). Les philosophes grecs ont été les premiers à créer des systèmes de pensée non plus fondés sur la foi mais sur le raisonnement logique. De cette quête a surgi un humanisme culturel dont nous constatons encore les effets aujourd'hui.

À la Renaissance, la pensée humaine abandonne l'angélisme médiéval. Avec le mode de raisonnement scolastique, l'être humain et le monde naturel redeviennent objets d'étude légitime. La Renaissance véhicule avec elle l'idéal de l'homme accompli, de l'homme de science cultivé qui élucide les mystères de la nature. L'humanisme de cette époque encourage les gens à compter sur leurs propres observations et leur propre jugement plutôt que de s'en remettre aux autorités religieuses. Il crée l'idéal de la personnalité bien équilibrée : c'est-à-dire un homme cultivé scientifiquement, moralement, culturellement et spirituellement.

Pic de la Mirandole appelle l'homme à « sculpter sa propre statue », comme l'avait fait avant lui Plotin : « Si tu ne vois pas encore ta propre beauté, fais comme le sculpteur d'une statue qui doit devenir belle : il enlève ceci, il gratte cela… De la même manière, toi aussi, enlève tout ce qui est superflu, redresse ce qui est oblique ». Dans son *Discours sur la dignité de l'homme* (1486), il stipule que l'homme n'a pas une forme prête, mais que c'est à lui de la former : « Si nous (Dieu) ne t'avons fait ni céleste ni terrestre, ni mortel ni immortel, c'est afin que, doté pour ainsi dire du pouvoir arbitral et honorifique de te modeler et de te façonner toi-même, tu te donnes la forme qui aurait eu ta préférence. Tu pourras dégénérer en formes inférieures, qui sont bestiales ; tu pourras, par décision de ton esprit, te régénérer en formes supérieures, qui sont divines. » Dans ce texte, la définition de l'homme est justement son absence de définition, mettant en avant sa quête perpétuelle d'autonomie matérielle (corporelle) et ses aspirations au spirituel. Criant d'actualité, cet auteur devrait entrer au panthéon du transhumanisme.

Par la suite, grâce aux œuvres de Copernic, Kepler et Galilée, la science moderne et le siècle des Lumières débutent. La publication du *Novum Organum* de Francis Bacon (1620), dans lequel il propose une méthodologie scientifique basée sur l'investigation empirique plutôt que sur un raisonnement *a priori*, produit son effet. Les Lumières estiment notamment que la science doit investiguer la nature en vue d'améliorer les conditions de vie des hommes. Bacon lance le projet de « réaliser toutes les choses possibles », par la maîtrise de la nature, dans le but d'améliorer la condition des êtres humains. « Cette maîtrise de la nature désigne là, essentiellement la maîtrise de la nature externe à l'homme[1] », c'est-à-dire son environnement.

1. Nicolas Le Dévédec, « De l'humanisme au post-humanisme : les mutations de la perfectibilité humaine », *Revue du MAUSS permanente*, 21/12/2008.

Pour Nicolas Le Dévédec, les quêtes de justice, d'égalité et d'émancipation sociale du siècle des Lumières annoncent le perfectionnement de l'homme, dans et par la société, grâce à des moyens sociaux et collectifs (preuve en est la place centrale qu'occupent dans la pensée des Lumières l'éducation et la pédagogie)[1]. Rousseau, en réfléchissant sur « les pouvoirs de l'homme, sur leurs bornes, leurs seuils et leurs limites qui sont aussi leurs excès, et leurs errements[2] », affirme que la perfectibilité de l'homme serait aussi la cause de son malheur car elle le « rend tyran de lui-même et de la nature ». « Le propre de l'homme semble être son incroyable capacité à se détruire sous couvert de son pouvoir à toujours vouloir perfectionner, améliorer, tant lui-même que ce qui l'entoure. » Copernic, Galilée, Descartes, Leibniz[3], Newton ont ruiné la cosmologie grecque et les considérations qu'elle soutenait (c'est-à-dire atteindre une certaine sagesse basée sur des notions de fixité, d'harmonie, de beau, de hiérarchie, de sens ou de fin), pour aboutir « finalement, à la dévalorisation complète de l'Être, au divorce total entre le monde des valeurs et le monde des faits[4] ». « C'est dans ce divorce [...] que la figure du sujet perfectible

1. *Idem.*
2. Florence Lotterie, « les Lumières contre le progrès ? La naissance de l'idée de perfectibilité » in *XVIII*e *siècle*, n° 30, 1998, cité dans Nicolas Le Dévédec, *idem.*
3. Les travaux de Leibniz, l'inventeur du système binaire, puis avec Newton, du calcul intégral et différentiel, inspireront Alan Turing pour la réalisation de la machine qui porte son nom, le premier de nos ordinateurs.
4. Alexandre Koyré, *Du monde clos à l'univers infini*, Gallimard, « Tel », 1988, cité dans Nicolas Le Dévédec, *op. cit.*

émerge peu à peu pour éclore pleinement en ce siècle des Lumières[1]. » L'individu se retrouve libre d'effectuer le travail de la nature, il n'est pas tant son « produit » qu'une expression de la vie. L'être humain, ne se définissant par aucune essence, fixe sa nature. Il n'est plus prisonnier d'elle et peut désormais se créer.

Comme l'explique Nicolas Le Dévédec, consécutive du modernisme, naît l'idée de perfectibilité, « cette faculté distinctive de l'être humain et presque illimitée. [...] Une fois que le mouvement de la perfectibilité en acte a commencé, on ne l'arrête plus », selon les mots de Jean-Jacques Rousseau, à qui l'on doit l'invention du néologisme en 1755. « La perfectibilité[2] rejette toute idée de nature ou d'essence immuable qui déterminerait définitivement l'être humain[3]. » La nature n'est plus le critère décisif pour appréhender l'homme. Si ce dernier devient autonome, il devient aussi le seul à pouvoir choisir son avenir, « au lieu qu'un animal est, au bout de quelque mois, ce qu'il sera toute sa vie, et son espèce, au bout de mille ans, ce qu'elle était la première année de ces mille ans[4] ».

1. Nicolas Le Dévédec, « De l'humanisme au post-humanisme : les mutations de la perfectibilité humaine », *Revue du MAUSS permanente*, 21/12/2008.
2. En 1755, le mot se comprend essentiellement en termes moraux.
3. Nicolas Le Dévédec, *op. cit.*
4. Jean-Jacques Rousseau, *Discours sur l'origine et les fondements de l'inégalité parmi les hommes*, GF, cité dans Nicolas Le Dévédec, *op. cit.*

« Il faudra attendre la révolution scientifique du XVIIe siècle pour que soient posées les bases de la croyance moderne en la perfectibilité humaine », avec la définition telle que nous comprenons ce mot aujourd'hui. Toujours selon ce même auteur, « en concevant l'homme comme un être perfectible, qui ne doit rien à la nature ni à un quelconque concept transcendant, [...] les Lumières sapent définitivement les fondements de l'Ancien Régime, rejetant vigoureusement cette croyance tenace selon laquelle l'inégalité et la pauvreté étaient inévitables et reflétaient l'état naturel des sociétés humaines[1]. » Pour comprendre le monde naturel, l'accent est mis sur la science et le raisonnement critique plutôt que sur la révélation, l'autorité religieuse, le destin et la nature de l'homme. La société s'appréhende de fait comme une création, une œuvre proprement humaine ; l'aboutissement de cette pensée sera la Déclaration des droits de l'homme et du citoyen.

Le transhumanisme trouve ses racines dans cet humanisme rationnel dont il se veut le digne héritier. Il étend l'humanisme des Lumières en remettant en question les limites humaines par la science et la technologie qu'il combine avec la pensée critique et créative. Comme les humanistes de l'époque, il affirme une vision responsable et rationnelle de la vie, en tâchant d'éviter les croyances dogmatiques de quelque type que ce soit. Au XVIIIe siècle, émerge l'idée que l'humain va se développer grâce à la science. Benjamin Franklin et Voltaire spéculent

1. Couze Venn, « The Enlightenment », in *Theory, Culture and Society*, London, vol. 23 (2-3), pp. 477-498, 2006, cité dans Nicolas Le Dévédec, *op. cit.*

sur l'extension de la durée de la vie humaine par le biais de la médecine : les esprits modernes de l'époque font germer l'idée que « s'arracher » à la nature est possible. Alors, de là à penser que « s'arracher » de son corps le serait, il n'y avait qu'un petit pas à franchir !

Depuis Descartes, en passant par Bacon et d'Alembert, « le corps est appréhendé comme un "avoir" et non comme un "être" autrement dit, il obéit aux lois de la mécanique et peut être à volonté modifié[1] ». Condorcet écrivait : « Il arrivera un temps où la mort ne sera plus que l'effet, ou d'accidents extraordinaires, ou de la destruction de plus en plus lente des forces vitales [...] où la durée de l'intervalle moyen entre la naissance et cette destruction [n'aura] elle-même aucun terme assignable[2]. » Prémonition ! Il songe déjà à faire reculer les bornes de la mort. Un « pré-transhumanisme » est en marche.

L'héritage de la Renaissance, combiné aux influences d'Isaac Newton, Thomas Hobbes, John Locke, Kant, Condorcet, et de beaucoup d'autres, va poser les bases de l'humanisme rationnel.

À la fin du XVIIIe siècle, on ne parle pas encore de progrès, mais Auguste Comte, en 1838, le définit comme « un développement continu, avec tendance inévitable et permanente vers un but déterminé[3] ».

1. Nicolas Le Dévédec, « De l'humanisme au post-humanisme : les mutations de la perfectibilité humaine », *Revue du MAUSS permanente*, 21/12/2008.
2. Condorcet, *Esquisse d'un tableau historique des progrès de l'esprit humain.*
3. Cité dans Nicolas Le Dévédec, *op. cit.*

Le XIX^e^ siècle débute ainsi sur une idéologie nouvelle, celle du progrès, notion qui devient indissociable du langage lorsqu'on parle de l'histoire des civilisations, des peuples, des sociétés, des hommes.

La théorie de Charles Darwin, naturaliste anglais, sur l'évolution des espèces vivantes va en plus révolutionner la biologie et renforcer le courant progressiste. Célèbre en son temps au sein de la communauté scientifique pour son travail sur le terrain et ses recherches en géologie, il formule l'hypothèse, en 1840, selon laquelle toutes les espèces vivantes ont évolué au cours du temps à partir d'un (ou peut-être plusieurs) ancêtre commun grâce au processus connu sous le nom de « sélection naturelle ». Scandale ! Car, si sa théorie de l'évolution est pratiquement acceptée par une majorité de scientifiques et par le grand public, il n'en va pas de même du processus emprunté pour y parvenir, à savoir : la sélection naturelle. Il faudra attendre les années 1930 pour que sa théorie soit considérée comme l'explication essentielle du processus d'évolution[1].

Le XIX^e^ siècle met aussi en évidence que l'amélioration de la vie en société dépend plus des actions scientifiques et instrumentales que sociales. Le biologique devient politique et constitue un nouveau pouvoir. Dans le même temps, la pensée nietzschéenne, qui prône une émancipation radicale à l'égard de toute dépendance, passe par là et fait son chemin : l'être humain ne doit plus se sentir comme

1. Aujourd'hui encore, elle constitue la base de la théorie moderne de l'évolution et reste le fondement de la biologie en expliquant de façon logique et unifiée la diversité de la vie.

le résultat d'une intention, il n'est plus responsable du monde dans lequel il vit par rapport à une puissance créatrice qui le dépasse. Le travail que le hasard a fait, l'homme peut le poursuivre en affirmant sa volonté de puissance (affirmation de soi), en se créant.

Malheureusement, les espoirs générés par la technique ne résolvent pas tous les problèmes. Le progrès n'est pas automatique et, si le XIX^e siècle se caractérise par une volonté d'optimiser le confort biologique de sa population, les débuts du XX^e siècle verront malheureusement les technologies nouvelles utilisées à des fins beaucoup plus négatives, avec comme point culminant d'atrocités le régime nazi et son culte de l'homme supérieur. Sur ces décombres, « on assiste depuis la fin de la seconde guerre mondiale à une redéfinition de l'idée de progrès et de perfectibilité[1] ». Le mouvement eugéniste, qui avait trouvé des défenseurs non seulement parmi les racistes d'extrême droite, mais aussi chez les socialistes et les sociaux-démocrates progressistes, est totalement discrédité. L'objectif de la création d'un monde nouveau et meilleur grâce à une vision centralisée imposée est devenu tabou, dépassé, ce que confirmeront les horreurs de l'Union soviétique stalinienne.

Assimilée à l'entropie, l'imperfection (en partie issue du choc de l'holocauste) doit quitter le champ social ; la société se retourne alors vers le perfectionnement technoscientifique qui seul peut repousser le déclin inexorable de l'homme et du monde. Les futuristes optimistes dirigent leur attention vers le progrès technologique, tel que les voyages dans l'espace, la

1. Nicolas Le Dévédec, *op. cit.*

médecine et l'informatique. Nicolas Le Dévédec rappelle qu'avec le développement rapide de ces nouvelles technologies, c'est aussi le début d'une certaine disqualification de l'individu qui se voit « réduit à une somme d'informations, à un programme que l'on peut déchiffrer, déconstruire, modifier, façonner comme une machine[1] ». Il cite Katherine Hayles pour qui cette assimilation réductionniste de l'homme à la machine constitue la matrice de l'imaginaire posthumain : « Dans le posthumain, écrit-elle, il n'y a pas de différences essentielles ou de démarcations absolues entre l'existence corporelle et la simulation informatique, la machine cybernétique et l'organisme biologique, la finalité du robot et les aspirations humaines[2]. »

Le posthumain apparaît donc comme une déconstruction de la notion humaniste libérale qui plonge l'humain dans un évolutionnisme d'un tout nouveau genre, puisque, contrairement au darwinisme, il ne se limite pas au monde de la nature ; les machines, comme les hommes, sont appelées à participer à la chaîne de l'évolution, une évolution désormais déterminée en partie par l'homme lui-même.

Depuis la seconde moitié du XX^e^ siècle, une sorte de biopouvoir émerge doucement, définissant une politique de la vie bonne[3], non plus en termes de

1. *Idem.*
2. Katherine Hayles, *How We Became Posthumain*, University of Chicago Press, 1999.
3. Politique de la vie ou « biopolitique » : expression inventée par Michel Foucault en 1974 « afin de désigner une forme d'exercice du pouvoir qui porte non plus sur les territoires mais directement sur les populations » (Laurent Alexandre).

population, de qualité, de territoire, de nation ou de race, mais d'optimisation de la qualité de vie biologique. Selon cette logique, explique Nicolas Le Dévédec, il faut désormais optimiser la vie « en soi » à un niveau individuel, et il rappelle à juste titre « que l'Organisation mondiale de la santé a pris acte de ce changement en proposant en 1947 une redéfinition élargie de la santé, définie comme "un état de complet bien-être physique, mental et social, qui ne consiste pas seulement en une absence de maladie ou d'infirmité[1]" ». On passe d'une médecine de la guérison à une médecine de l'optimisation. De cette redéfinition « des frontières entre le normal et le pathologique découle la biomédicalisation massive de la société [...]. En d'autres termes, c'est la médecine, le complexe biomédical, qui héritent aujourd'hui progressivement du projet politique philosophique moderne de perfectibilité. Du diagnostic préimplantatoire jusqu'à la médecine régénératrice, pas un âge de la vie n'échappe désormais à l'optimisation technoscientifique, au point que la vieillesse et la mort en tant que telles deviennent de véritables maladies dont il faut trouver le remède[2]. » Le corps humain fait figure de handicap !

L'imaginaire de bioperfectibilité contemporain soutenu par beaucoup d'auteurs[3] « mène ainsi droit vers l'idée d'un complet dépassement technoscientifique

1. Nicolas Le Dévédec, *op. cit.*
2. *Idem.*
3. Robert Ettinger, F.M. Esfandiary, Frank Tipler, Richard Dawkins.

de l'être humain, comme l'illustrent de manière éloquente le projet américain NBIC et l'idéologie qui le sous-tend : le transhumanisme[1] ».

## Le transhumanisme est-il l'héritier des Lumières ?

Expliquer que cette transformation de la condition humaine est essentielle à sa survie est loin de convaincre tout le monde. Certains se posent même la question de savoir si le posthumanisme, dans l'hypothèse où il succèderait à l'humanisme, serait vraiment l'héritier des Lumières.

Le transhumanisme, considérant que l'amélioration de l'homme passe en partie par sa transformation individuelle corporelle, n'ouvre-t-il pas la voie à l'inhumain ? Joël de Rosnay rappelle « qu'on désigne par humanisme, toute pensée qui met au premier plan de ses préoccupations le développement des qualités essentielles de l'être humain. L'humanisme repose sur la capacité à déterminer le bien et le mal en se fondant sur des qualités humaines universelles, en particulier, la rationalité. Il est l'affirmation de la dignité et de la valeur de tous les individus. C'est la raison pour laquelle on peut être amené à douter du caractère humaniste du transhumanisme, qui apparaît plutôt comme une démarche élitiste, égoïste et narcissique[2]. » Pour l'auteur, l'avenir ne doit pas se concentrer sur l'individu, mais au contraire s'épanouir dans le collectif.

1. Nicolas Le Dévédec, *op. cit.*
2. « Intelligence artificielle : le transhumanisme est narcissique. Visons l'hyperhumanisme », in *Nouvel Observateur*, 26 avril 2015.

Jean-Michel Besnier[1] insiste sur le fait que sous la philosophie des Lumières, l'humanité, parce qu'elle est inachevée, est promise à un meilleur avenir, et l'homme perfectible. N'étant ni des dieux ni de simples animaux, les hommes sont voués à devenir et à grandir. Depuis Galilée, Newton, Kant, notre rupture avec la cosmologie grecque pour entrer dans le monde du chaos est irréversible et, à l'obsession de s'arracher à cette nature, qui avait caractérisé la modernité issue des Lumières, nous nous acheminons désormais vers une transgression de la nature humaine. En ce sens, le posthumanisme ne signifie pas la fin de l'homme, mais un certain déni d'humanité, un profond mépris du corps au profit de l'esprit. C'est la fin du dualisme cartésien Esprit/Corps, ce dernier devenant un épiphénomène, puisque seul compte et seul doit subsister l'esprit.

Au contraire, la pensée transhumaniste construit « la fiction d'un individu cerveau », comme le fait remarquer le philosophe Pierre Dardot, c'est-à-dire celle d'un individu qui est son cerveau. Selon cette approche, il devient alors normal d'éviter tout dérèglement de son fonctionnement et il n'y a plus de raison d'avoir peur de recourir à des artifices technologiques pour l'améliorer, le réparer, l'augmenter. On va également bien au-delà du moi naturel historique et biologique de l'homme en préconisant que « la puissance humaine sur la nature, grâce au développement des sciences et techniques, ne saurait *a priori* être limitée ». Et cette puissance permettra de « transformer l'homme de façon à faire tomber les

1. Jean-Michel Besnier, *Demain les posthumains*, *op. cit.*

limites dans lesquelles se borne depuis toujours l'existence humaine, à savoir l'échec, la souffrance, la mort[1] ». Si l'on rajoute à cela le désamour actuel que l'on a de soi, on comprend mieux cette fascination face à la machine, beaucoup plus performante que nous. Le fond des utopies posthumanistes ressemble à une « lassitude d'être ce que l'on est[2] », sans pour autant bien percevoir ce que l'on voudrait devenir.

Alors, peut-on encore parler d'humanisme (la recherche doit se faire sans dépasser un certain seuil, au-delà duquel on ne serait plus un être humain), ou doit-on envisager une nouvelle philosophie de l'humain (le posthumanisme), où le seuil doit être franchi grâce au développement extraordinaire des moyens technoscientifiques ?

Jürgen Habermas et Peter Sloterdijk se sont affrontés à ce sujet, Peter Sloterdijk déclarant : « La domestication de l'être humain constitue le grand impensé face auquel l'humanisme a détourné les yeux depuis l'Antiquité jusqu'à nos jours. » Se plaçant ensuite dans une perspective posthumaniste susceptible de créer une nouvelle échelle de valeurs, il affirmait que la discontinuité métaphysique entre « ce qui est » et « ce qui est fabriqué » cèderait bientôt la place à une continuité, soulevant ainsi le problème de l'intersubjectivité des relations pouvant naître entre des êtres de nature ou de facture différente. Le posthumanisme répond en partie à ces propos puisqu'il envisage de ne pas réserver des valeurs morales aux seuls

1. Pierre-Jean Dessertine, « L'avenir peut-il être transhumain ? », 2012-04-01 dans l'Encyclopédie de l'Agora.
2. Jean-Michel Besnier, *op. cit.*

humains, mais d'accorder des prérogatives aux robots, qui, de plus en plus perfectionnés, s'approchent progressivement des caractéristiques sensitives humaines. Il faudra coexister ; les Coréens du Sud nous devancent à ce sujet en élaborant une charte éthique des robots.

Bien loin du projet sociétal imaginé par les Lumières, l'imaginaire contemporain repose sur l'amélioration de la vie en soi et sur la survie de chacun, rappelle Nicolas Le Dévédec[1]. On s'est éloigné. « La poursuite de la vie devient un objectif indépendant de toute dimension culturelle, sociale ou politique. [...] La mécanisation du vivant, issue du cartésianisme, avait déjà miné les bases de l'humanisme en réduisant la conscience à la matière[2]. » Désormais, elle parachève le travail en offrant un au-delà de l'humain !

Nous ne devons cependant pas rester bloqués sur les sécurités du monde d'hier. Il faut évoluer vers celles du futur. Les avancées techniques deviennent nécessités ; le courant philosophique qui les accompagne doit nous préparer à penser un avenir, où la machine et la technique seront forcément dominantes. Bien évidemment, cette perspective d'une humanité transformée suscite de nombreuses réactions, de la « fin de l'homme » au « déni d'humanité », que décrit Francis Fukuyama dans son livre *La Fin de l'homme*. Ronald Bailey[3] répond que c'est au contraire le « mouvement (transhumaniste) qui incarne les aspirations les plus

1. Nicolas Le Dévédec, *op. cit.*
2. Céline Lafontaine, *La Société postmortelle*, Le Seuil, 2008.
3. Ronald Bailey est un transhumaniste libertarien, économiste et philosophe américain.

audacieuses, courageuses, imaginatives et idéalistes de l'humanité ». Le projet transhumaniste ne serait-il pas en fin de compte « humain, trop humain », comme le dirait Nietzsche ? C'est-à-dire la projection d'un homme qui ne se rapporte qu'à lui-même et qui, bien qu'évoluant dans un monde où la vie est venue par hasard, doit se construire lui-même, développer seul ses potentialités sans aliénation, sans limites, sans contraintes extérieures ? N'est-ce pas en fin du compte un rêve trop humain, qui induirait des conséquences qualifiées d'inhumaines ?

« L'humanité est interpellée sur tous les plans, non seulement sur ses performances, sa longévité ou sa corporéité, mais aussi sur le plan de ses représentations, de ses valeurs et plus que tout sur sa vision d'elle-même[1]. » Il est fort à parier que, finalement, le transhumanisme ne sera pas pire que l'humanisme. Dans ses moyens peut-être, mais pas dans sa démarche pour le pouvoir et la domination. Le transhumanisme ne changera pas les fondamentaux de l'homme […]. Il sera la poursuite de l'humanisme avec d'autres moyens », souligne Laurent Alexandre en paraphrasant la phrase de Carl von Clausewitz : « La guerre est la continuation de la politique avec d'autres moyens. »

Jean-Michel Besnier[2] précise : « Les humanistes, attachés à une idée substantielle de l'homme définie en termes d'essence et de disposition innée, verraient leur évolution basculer vers un posthumanisme qui,

1. *Global Future 2045 – Carnet de voyage*, commenté par Gabriel Dorthe.

2. Jean-Michel Besnier, *op. cit.*

lui, s'accommoderait d'une idée flexible de l'humain, en fusion possible avec l'indéterminé, d'où émergerait alors une hybridation des genres. »

D'inquiétantes pour certains à parfaitement acceptables pour d'autres, ces nouvelles perspectives doivent se comprendre et se concevoir dans leur globalité et dans leur contexte. Celui d'un temps où Michel Ardan[1] prévoirait très sérieusement d'aller explorer Mars pour s'y installer, où la « mort de la mort » devient slogan, où l'on se berce des réalités du virtuel. Non seulement elles ne doivent pas oublier d'où elles viennent, mais elles doivent prendre en compte leur épanouissement dans un monde où persiste l'espoir que l'esprit et la conscience humaine sauront trouver les moyens[2] de prouver qu'il reste encore une part de mystère non investi par la technologie. La pensée transhumaniste accompagne notre époque. Au niveau mondial, l'association transhumaniste s'efforce de promouvoir, sensibiliser et transmettre une approche simplifiée de cette révolution technologique, en essayant de rendre accessible au plus grand nombre les pensées, les travaux et les perspectives sur lesquels planchent de nombreux scientifiques et une poignée d'intellectuels.

1. Michel Ardan est le héros du roman de Jules Verne *: De la terre à la lune.*
2. Des moyens que ni la machine ni l'animal ne pourront leur disputer. L'art par exemple, car selon les prédictions d'Isaac Asimov, « les rares chanceux qui auront des métiers créatifs [...] deviendront la véritable élite de l'humanité, car ce seront les seuls à ne pas être au service d'une machine. » "Visit to the World's Fair of 2014", *New York Times*, 16 août 1964.

Chapitre 2

# Les opposants au courant transhumaniste

Les factions opposées à la technomédecine en général, et au transhumanisme en particulier, sont en premier lieu les religieux. Parce que, pour eux, la mort est une bonne chose, elle ne doit pas être redoutée et, en évoquant le paradis, les croyants doivent garder espoir. Ces communautés enseignent comment réussir notre mort, mais ne tentent en aucun cas de la supprimer. Selon elles, la vie éternelle ne pouvant être qu'ailleurs, inutile de s'en préoccuper de notre vivant.

Viennent ensuite les intellectuels humanistes pour lesquels une vie sans la mort n'est plus une vie : « C'est précisément la conscience de la brièveté de notre passage sur la Terre qui donne lieu à nos désirs, à nos passions et à nos actions les plus remarquables. La mort de la mort serait paradoxalement la mort de la vie[1]. »

Les néo-luddites font aussi partie des opposants au transhumanisme en s'élevant contre toute mécanisation. Ce sont les héritiers du mouvement ouvrier anglais du XIXe siècle qui se battaient contre la mécanisation de la production. De nos jours, ils tentent

1. Laurent Alexandre, *La Mort de la mort*, *op. cit.*

plus particulièrement de résister à la technologie génétique en prônant même parfois le recours à la violence.

Pour les bioconservateurs, c'est la crainte de la science et de ses conséquences qui les pousse à encourager les gouvernements à limiter la recherche. Ils comptent parmi eux bon nombre d'écologistes. « La vision bioconservatrice prend l'humanité comme une donnée peu évolutive[1]. » Ils considèrent que concentrer l'attention des populations sur l'élément objectif du corps ne saurait être qu'un piège tendu par les plus puissants pour dominer les masses, voire créer des esclaves soumis. Selon eux, si l'humanité a une histoire, c'est parce que chaque homme peut rapporter tous les événements qui lui sont advenus à un invariant représenté par le fond de l'humanité qui fait qu'à travers les millénaires, les individus humains peuvent se faire signe et se comprendre. Donc l'homme est très bien comme cela, il n'est pas nécessaire d'en vouloir plus.

Enfin les « elluliens », quant à eux, considèrent que la technique est devenue un phénomène totalement autonome et immoral : l'homme n'en définit pas plus les objectifs qu'il n'en contrôle les conséquences, comme le montre par exemple en 2011 la tragédie de Fukushima. L'Association internationale Jacques Ellul[2] a animé en 2011-2012 un groupe de

1. *Idem.*
2. Jacques Ellul (né en 1912) est, aux côtés de Jürgen Habermas, Martin Heidegger, Gilbert Simondon, André Leroi-Gourhan et Günther Anders, l'un des principaux penseurs de la technique au XX^e^ siècle.

réflexion portant sur une critique du transhumanisme à partir du concept « d'autonomie de la technique ». Dans une de ses conclusions, il déclare : « Le transhumanisme vient combler le décalage existant entre les réalisations techniques dont l'homme s'est montré capable au cours de l'Histoire et l'infirmité meurtrière de son cheminement éthique, moral et politique [...]. Même si ses adeptes s'en défendent, il se présente comme une eschatologie, c'est-à-dire une annonce des fins dernières de l'homme et du monde. »

Les opposants au mouvement transhumaniste critiquent principalement ses objectifs, et s'interrogent beaucoup sur sa morale. Ils craignent en particulier le danger « totalitariste si l'accès à ces techniques restait réservé à une élite ou à une minorité qui, de ce fait, imposerait ses lois et sa puissance au reste de l'humanité[1] ». Ils pensent que les biotechnologies risquent d'être une excuse pour contrôler les individus et leurs caractéristiques, et pour les conformer à un ordre social prédéfini par un État, une mode, ou encore une famille elle-même[2].

1. Laurent Alexandre, *op. cit.*
2. Pour Habermas, il faut par exemple interdire l'intervention sur le génome humain car la contingence de la procréation permet à chacun d'avoir un rapport à soi et aux autres authentique. En intervenant sur le génome d'un embryon amené à naître, on sape les conditions d'une relation d'égalité réciproque. Ce à quoi Ronald Dworkin répondrait que « les biotechnologies sont déjà une réalité, et qu'à l'heure d'aujourd'hui ne pas intervenir sur le génome d'un embryon, c'est aussi faire un choix pour l'enfant que celui-ci pourrait ensuite reprocher à ses parents » (Ronald Dworkin, *Playing God: genes, clones and luck*, Harward University Press, 2002).

Alors, au nom de ces risques, faut-il, et surtout est-il encore possible, de s'opposer à l'évolution des technologies, à la convergence NBIC ? Les bioconservateurs[1] dans leur globalité objectent aux transhumanistes qu'ils ne devraient pas tenter de transformer l'homme en utilisant des moyens artificiels, l'homme n'ayant pas à vouloir se faire plus puissant que la nature elle-même. Mais c'est trop vite oublier que l'histoire a déjà montré l'homme incapable de résister très longtemps à l'envie de s'approprier la nouveauté dès qu'il le peut, même si cette dernière recèle un danger (malgré Hiroshima, le nucléaire ne s'est pas arrêté). « L'instinct grégaire, la pression du groupe et la nécessité de rester dans la norme garantissent à long terme l'adhésion du plus grand nombre à ces nouvelles techniques[2]. »

Nous fonçons tête baissée dans ce tourbillon technologique qui déverse son lot de nouveautés, sans réfléchir le moins du monde aux conséquences de cette boulimie consommatrice. C'est pourquoi des opposants qui, comme Jean-Michel Besnier, ne sont pourtant pas des technophobes déplorent vertement l'absence de réflexion existentialiste sur la nature de notre humanité, et sur celle du posthumain. « Ce que veut le transhumanisme, ce n'est pas parfaire l'humanité, mais nous arracher à l'humanité. Faire de nous des êtres qui ne naîtront plus, mais qui seront fabriqués, lisser la vie psychique, ne plus vieillir grâce au téléchargement de la conscience, éradiquer la souffrance et donc le plaisir. Le désir même, alors que

1. Terme général, « générique », utilisé pour désigner tous les opposants au mouvement transhumaniste.
2. Laurent Alexandre, *op. cit.*

c'est le moteur de l'humanité… Arrêtons de dire que c'est au service de l'humanité alors que ce n'est que pour la détruire[1]. » Jean-Michel Besnier, on l'aura compris, est hostile au mouvement. Pour lui, le transhumanisme avance masqué et il ne dévoile pas ses vraies attentes. Enfin, « il l'accuse de se servir par exemple de l'argument du handicap et des maladies pour servir un autre objectif : celui de réaliser le vieux fantasme du XVIIe siècle selon lequel la science serait l'instrument du bonheur, un outil au service d'une réalisation pleine et entière de l'homme[2] » : « Pour projeter l'homme augmenté, on est obligé continuellement de s'appuyer sur l'homme diminué. On va évoquer le tétraplégique pour justifier les techniques d'augmentation qui permettront de contrôler l'environnement par la pensée, techniques qui seront d'ailleurs souvent utilisées d'abord au niveau militaire[3]. »

À propos de ce point de vue, Pierre-Jean Dessertine pose la question fondamentale de savoir si, « sans le condamner *a priori*, le transhumanisme peut être un progrès pour l'humanité, comme ont pu l'être d'autres grands sauts techniques comme l'agriculture, la maîtrise du feu, la roue, la métallurgie […], même s'il existe incontestablement un puissant lien entre cette doctrine et les intérêts marchands contemporains[4] ».

1. Jean-Michel Besnier, *op. cit.*
2. Philippe Vion-Dury, Cyborg, Rue 89, 11 mars 2013.
3. Jean-Michel Besnier, *op. cit.*
4. Pierre-Jean Dessertine, Encyclopédie de l'Agora, 1er avril 2012.

Et pour cause, le changement annoncé par le transhumanisme est d'un ordre tout à fait différent des précédents, inédit, puisque, comme l'indique le préfixe « trans », le sujet de cette transformation serait censé ne plus être de même nature après. Pierre-Jean Dessertine nous rappelle aussi que l'idée transhumaniste selon laquelle l'homme pourrait changer sa nature doit en conséquence être mûrement réfléchie. Car, même si Ray Kurzweil nous dit que ce ne sont pas les machines qui sont en train de prendre le pouvoir sur l'homme, mais les hommes qui sont enclins à devenir des machines, ce changement ne va pas aller de soi et sera, pour le plus grand nombre d'entre nous, difficilement, voire pas du tout compris.

## Eugénisme et transhumanisme

Le terme *eugenic* a été inventé par le cousin de Darwin, Francis Galton[1]. Le mouvement de promotion de l'eugénisme, mené par des scientifiques et des médecins, s'est mis en place à la fin du XIX^e^ siècle et s'est développé d'abord aux États-Unis, puis en Europe. Il avait pour but d'entraver la multiplication des inaptes pour améliorer la race en favorisant les plus aptes.

Au début du XX^e^ siècle, l'eugénisme eut un certain succès dans tous les partis. Dès 1950, trente-trois États

1. Francis Galton (né le 16 février 1822 à Sparkbrook, près de Birmingham et mort le 17 janvier 1911 à Haslemere dans le Surrey) fut anthropologue, explorateur, géographe, inventeur, météorologue, protogénéticien, statisticien, fondateur de la psychologie différentielle ou comparée.

possédaient des lois eugéniques comme la stérilisation des épileptiques ou celle des handicapés. Mais, après les horreurs du nazisme, il disparut (sauf dans les pays scandinaves, au Japon et en Chine). Aujourd'hui, lorsqu'on parle d'eugénisme, on le qualifie de « positif » ou de « doux » parce qu'il n'est pas imposé mais choisi ; il reste un choix individuel et non pas collectif ou étatique.

Le danger de cette volonté d'améliorer l'être humain par tous les moyens technologiques n'est pas tant l'eugénisme dans sa définition personnalisée à l'extrême qu'une forme d'élitisme, de cloisonnement et d'exclusion, aux conséquences potentiellement catastrophiques.

Les bioconservateurs ne manquent pas de pointer du doigt les dérives qu'ont produites les eugénismes d'État (dont les expériences nazies ne sont qu'un exemple). À cela, les transhumanistes répondent que cette époque est révolue et que le problème ne se reposera plus à partir du moment où ce sont les individus qui choisissent pour eux-mêmes, en leur âme et conscience, les changements qu'ils veulent apporter à leur être. Les transhumanistes soutiennent les principes de l'autonomie corporelle et de la liberté de choix. L'amélioration est un jugement moral qui doit être laissé à la conscience individuelle plutôt qu'être imposé par une loi. Autrement dit, l'eugénisme de masse est proscrit mais individuellement, il reste possible sans pour autant être jugé négatif par la collectivité.

Sauf que l'utilité, la facilité et la pression sociale qui imposent d'entrer dans la norme peuvent créer involontairement (ou volontairement) une obligation de choix, imposant dès lors à des individus (qui ne souhaitaient pas *a priori* « choisir ») de faire leur « choix », sous peine de se retrouver rapidement en grande difficulté. Pour illustrer ce propos, prenons comme exemple celui de la médecine prénatale. Si les États garantissent un système de santé publique irréprochable, ils informent aussi des dernières avancées en génétique, afin que les parents prennent des décisions éclairées aboutissant à réduire les handicaps de leurs enfants. Certains qualifieront cette politique d'eugéniste. Car une société qui défend son intérêt légitime sur le caractère « sain » ou « handicapé » des enfants à naître favorise *de facto* la naissance d'enfants les plus « parfaits » possible, sans se considérer comme criminelle pour autant.

Les Chinois, quant à eux, ne s'embarrassent pas de toutes ces finesses et développent le *China Brain Project*, programme de sélection totalement eugénique destiné à créer une population plus intelligente.

Devons-nous nous méfier de cette nouvelle forme d'eugénisme qui, sous prétexte de régler une anomalie, développe dans les faits une sélection non naturelle ? Comme le souligne Laurent Alexandre[1], nous sommes déjà sur une pente eugénique sans bien nous en rendre compte : la trisomie 21 (T21) est en train de disparaître car bien peu de parents résistent à la pression sociale pour éradiquer ce handicap (même les plus fervents croyants). D'ici une dizaine d'années, des milliers de maladies pourront elles aussi être dépistées et « évitées » pendant la

1. Laurent Alexandre, *Le Monde*, 2 avril 2012.

grossesse sans faire courir de risque à l'enfant. Dans ce cas, comment empêcher des parents de préférer des enfants sains, plutôt que de supporter la charge psychologique, matérielle, financière qu'impose le suivi d'enfants handicapés ? La souffrance, dès lors qu'elle a les moyens d'être combattue, s'embarrasse peu de morale. 80 % des grossesses de T21 sont interrompues ; c'est un choix fait par les parents face aux mauvaises perspectives offertes par la société, notamment le très faible nombre de maisons d'accueil susceptibles de prendre en charge ces enfants.

Pierre Teilhard de Chardin[1], en parlant de la génétique et des biotechnologies, affirmait : « Nous semblons être à la veille d'avoir la main sur le développement de notre corps, et même de notre cerveau. Avec la découverte des gènes, il semble que nous serons bientôt en mesure de contrôler le mécanisme de l'hérédité biologique. » Scientifique confiant, il faisait grand cas de l'intelligence humaine pour guider l'évolution avec l'aide du génie génétique, et plaidait pour une forme éthiquement appropriée de l'eugénisme : « Jusqu'à présent, nous avons bien sûr permis de laisser au hasard notre course au développement et nous avons donné une pensée trop petite à la question de savoir quels sont les facteurs médicaux et moraux qui doivent remplacer les forces brutes que la sélection naturelle

1. Pierre Teilhard de Chardin (1881-1955), jésuite, chercheur, paléontologue, théologien et philosophe, a apporté une vision de l'être humain qu'il situe sur la trajectoire de l'évolution, en décelant une continuité entre la matière, l'apparition de la vie et le jaillissement de l'esprit.

devrait réprimer. Au cours des siècles prochains, il est indispensable qu'une forme noblement humaine d'eugénisme, sur une norme noble de nos personnalités, soit découverte et développée. L'eugénisme s'est appliqué aux individus, car l'eugénisme s'est appliqué à la société. »

Jürgen Habermas, quant à lui, en dénonçant toute forme d'« eugénisme libéral », reste attaché à une conception de la nature humaine d'une part, et à une conception de l'autonomie des sujets et de l'égalité des individus d'autre part. À cela, Peter Sloterdijk, qui, globalement, tend à réduire l'histoire humaine à une succession de modes de production technique, rétorque : « De plus en plus de gens se retrouvent du côté actif et subjectif de la sélection, sans avoir volontairement choisi le rôle de sélecteur [...]. Quand les possibilités scientifiques se développent dans un domaine positif, les gens auraient tort de laisser agir à leur place. »

Individuelles ou sociétales, les consciences du XXIe siècle vont se retrouver confrontées un jour ou l'autre à cette réflexion. Le courant transhumaniste n'échappe en rien à cette problématique et devra s'engager pour y répondre.

## Chapitre 3

# Transhumanisme et religions

« Né de la raison, de la science, de la technologie, le transhumanisme peut, à première vue, paraître un mouvement athée. Cependant, au-delà des apparences, on y trouve une idéologie fortement inspirée du christianisme[1]. » Souvent ignoré dans les débats d'idées, l'aspect religieux de ce mouvement n'est pas à négliger. De par ses origines, ses idéologies et ses promesses, il y a bien au fond, comme dans les métaphysiques ou les religions, une impatience à fuir la condition humaine. Le transhumanisme n'annonce pas autre chose que l'atteinte prochaine grâce aux technologies, d'une libération d'où émergera ce qui ne s'est jamais vu ni conçu.

Pour Johann Roduit, « le théologien Pierre Teilhard de Chardin fut l'un des premiers à considérer sérieusement le futur de l'évolution humaine. Ses recherches portent sur le génie génétique, l'émergence d'un réseau mondial de communication (qui pour certains est considéré comme précurseur d'Internet), et de l'accélération du progrès technologique

1. Johann Roduit, « Le transhumanisme : nouvelle religion ou hérésie chrétienne ? », http://www.huffingtonpost.fr/johann-roduit/le-transhumanisme-nouvell_b_1326166.html

vers une intelligence supérieure à l'intelligence humaine[1]. » Tous ces thèmes sont aujourd'hui repris par les transhumanistes, qui se réfèrent très souvent à ses écrits.

D'autres auteurs, tel Yann Minh[2], parlent du transhumanisme comme d'une nouvelle « prophétie méta-physique ». Car, pour eux, si le projet transhumaniste s'avère un succès, l'être humain pourrait se transformer en une nouvelle espèce : le posthumain, c'est-à-dire « un descendant d'*Homo sapiens*, dont les capacités auront tellement dépassé celles de l'Homme qu'il ne fera plus partie de la même espèce »

Bien que le fanatisme religieux, la superstition et l'intolérance ne soient pas acceptables chez les transhumanistes, le « pape » américain de ce mouvement, Ray Kurzweil ne cache pas son projet et définit sa singularité comme « une nouvelle religion venant remplacer celles qui depuis ont failli ». Avec le transhumanisme, « on risque d'atteindre l'ultime combat entre la conception religieuse de l'homme et sa conception scientifique[3] ». Dans ce cas, arrivera-t-on encore à concilier l'homme, créature de Dieu, avec cet homme nouveau ?

L'idéologie transhumaniste souhaite offrir une réponse salvatrice à l'homme. « C'est pourquoi elle cultive une certaine obsession qui consiste à vouloir

1. *Idem*.
2. Yann Minh, né en 1957, est un artiste multimédia et écrivain de science-fiction cyberpunk, fondateur des Noonautes, mouvance néo-cyberpunk.
3. Laurent Alexandre, *op. cit*.

le transformer en surhomme », immortel biologiquement, bioniquement, ou virtuellement. « Ici, comme dans le christianisme, l'ennemi à combattre est la mort elle-même. » Pour les uns elle est l'échec, pour les autres elle représente la source de la signification de l'homme. Tous s'accordent sur un point : elle est l'expression de notre finitude. Le chaos originel n'est pas mortel, mais les fragments qu'il a engendrés le sont, nous le sommes. Le transhumanisme est une forme de réponse à cette angoisse. Le salut qu'il promet prend la forme d'une amélioration, d'une restauration, d'une guérison, presque d'une déification de ce qui était mort. Là où le bât blesse avec les croyants, c'est que pour un transhumaniste ce salut s'acquiert sur terre et maintenant grâce à la technologie, alors que pour les chrétiens il passe par le Christ. L'idée que l'homme a besoin d'être sauvé est bien présente dans le transhumanisme, à un détail près : « La grâce divine a été remplacée par le savoir humain[1]. » L'homme peut se sauver lui-même en choisissant le bien, le salut doit venir de l'ingénuité humaine, et non du divin, et Johann Roduit de conclure que certains « verront là une renaissance du pélagianisme[2], hérésie chrétienne combattue par saint Augustin ».

En proposant de réaliser un homme plus « grand » que son état actuel, le transhumanisme ne pourrait-il pas servir quelques-unes des fonctions recherchées dans la religion ? Non, certainement pas, répondent les croyants, car les rêves transhumanistes

1. Johann Roduit, article déjà cité.
2. Le pélagianisme enseigne que l'homme peut vivre sans péché par sa propre volonté.

doivent se réaliser dans ce monde, sur la base d'un développement personnel passant par la technique et la science, et non pas comme il se doit dans un au-delà en s'appuyant sur des pouvoirs divins. Et pour les catholiques en particulier, ils nient la finitude de la création humaine et ignorent la notion de péché.

## La religion, la foi et le sacré

Et si la science et la technique devenaient « sacrées » ?

Jacques Ellul, chrétien converti au protestantisme, parlait déjà en 1950 de « l'autopropulsivité » de la technique. Il entendait par là qu'elle était en train de changer de statut : d'un vaste ensemble de moyens assignés chacun à une fin, elle devenait un phénomène autonome se produisant indépendamment des besoins de la société, échappant de plus en plus au contrôle de l'homme et faisait peser sur lui un grand nombre de déterminations. L'homme ne pouvant s'empêcher de sacraliser son environnement, il a remplacé la nature par la technique… tout en refusant de l'admettre officiellement ! Ce transfert a pour conséquence d'imposer à l'homme un comportement de dépendance à son égard, un peu comme une addiction. L'homme, en intériorisant, en acceptant les contraintes que la technique exerce inconsciemment sur lui, devient aliéné par les outils qu'il s'est forgés au fil du temps. Cessant d'être des moyens, ils sont devenus « sacrés » en même temps que finalités, nécessités et, par là même, créateurs de valeurs. Ce n'est plus Dieu qui décide de la valeur de l'humain, mais l'homme lui-même.

Face à un développement technique qui n'arrête pas de conquérir nos espaces, d'offrir des « miracles » à l'homme, et face à une société en perte de repères, très perturbée spirituellement à cause d'une science qui remet tout en question, les arguments développés par les religieux (toutes religions confondues) n'offrent aucune réflexion alternative suffisante. L'individu se voit obligé d'investir de plus en plus dans le temporel, et de moins en moins dans le spirituel. La foi devient légende, sa parole ne convainc plus, surtout en Occident, et reste de toute manière sans effet sur des non-croyants. Il faut bien avouer selon B. Pierrat[1], que si la science ne donne pas les éléments d'une foi, la foi ne répond pas davantage aux exigences de la science. Pierre Teilhard de Chardin a tenté une réconciliation en définissant son point Oméga comme « une approche vers une exigence d'unité qui permettrait à l'homme d'articuler science et foi ». Oméga au travers d'un acte de synthèse de l'esprit, pourrait bien être le « point d'intersection de la montée irréversible de l'évolution et de la descente de la révélation ». L'évolution expliquerait la révélation, tandis que la révélation rejoindrait l'évolution.

La singularité de Ray Kurzweil s'inspire de ce principe. Ce dernier affirme : « Beaucoup de transhumanistes travaillent dans l'architecture conceptuelle de l'OPT (théorie du point oméga) de Teilhard sans en être tous conscients. »

1. Bernard Pierrat est vice-président de l'association des amis de Pierre Teilhard de Chardin. http://www.teilhard.fr/sites/default/files/pdf/pierrat-place.de_.l-h_2005.pdf

Le paradoxe reste entier : technologie, science et religion sont des mondes parallèles qui essayent depuis toujours de frayer ensemble, alors même qu'ils savent que c'est impossible.

## L'ESPRIT, L'ÂME ET LE CORPS

La théologie chrétienne, pour éviter les extrêmes, tente une médiation : tout en ne permettant pas à l'homme de se mettre à la place de Dieu, elle refuse qu'il reste irresponsable et accepte les données naturelles comme un destin sur lequel il n'a pas prise. C'est un point de vue qui condamne à la fois la tentation de jouer à Dieu et le refus de toutes formes d'augmentation ou de salut (au sens guérison). *A priori*, l'Église ne trouve aucune raison claire pour exclure les technologies et les juger incompatibles avec les enseignements de l'âme. Il n'existe aucun texte dans la Bible pour supposer que Dieu ne peut pas se révéler à notre âme si nous congelons notre corps par exemple. Pas un seul mot dans les Écritures chrétiennes, juives, coraniques, dans le Dhammapada ou le Tao Te Ching qui interdise la cryogénisation. Il n'y a pas non plus de croyances traditionnelles selon lesquelles la réincarnation serait empêchée si quelqu'un meurt de froid ou si le corps est gelé après la mort clinique. S'il y a une âme qui pénètre le corps à la conception, ce n'est pas la congélation qui la détruit (après tout, des embryons humains ont été congelés et conservés pendant de longues périodes, puis réimplantés, entraînant la naissance d'enfants en parfaite santé et vraisemblablement pourvus d'une âme).

Bien que certains transhumanistes suivent des formes libérales traditionnelles de la philosophie orientale comme le bouddhisme[1] (le Dalaï-Lama répond, lorsqu'on lui demande en quoi il se verrait réincarné, qu'il n'exclut pas la possibilité que cela soit en un ordinateur !)[2] et le yoga, ou font fusionner leurs idées transhumanistes avec des religions occidentales établies, telles que le christianisme libéral, ils restent une minorité très marginale. La majorité d'entre eux sont des matérialistes athées qui ne croient pas en une âme humaine transcendante. Beaucoup croient en la compatibilité entre les esprits humains et le matériel informatique, avec l'idée théorique que la conscience humaine sera un jour transférée dans des médias alternatifs. Un téléchargement de l'esprit et de la conscience humaine sur des supports non biologiques ne cache-t-il pas la possibilité bien concrète d'éradiquer la mort biologique ? Toujours visionnaire, Pierre Teilhard de Chardin effleura le sujet : « Sauf à supposer le monde absurde, il est nécessaire que la conscience échappe d'une manière ou d'une autre à la décomposition. » Mais vue d'une perspective conservatrice chrétienne, l'idée de télécharger l'esprit représente un dénigrement du corps humain caractéristique de la croyance gnostique. L'indissociabilité de la matière vivante et de la conscience reste fondamentale, car si la vie n'est que matière, et la conscience seulement une production chimique,

1. Les technosciences visent l'unité cosmique, comme certains bouddhistes qui insistent sur le fait qu'il n'existe pas de véritable frontière entre nous tous.
2. J.-W. Hayward (sous la direction de), *Passerelles : conversations avec le Dalaï-Lama sur les sciences de l'esprit*, Albin Michel, 1992.

alors on peut toucher à la conscience et à la vie comme on le fait avec la matière, dixit Laurent Alexandre. Inacceptable pour les catholiques[1] !

Les transhumanistes soutiennent l'émergence et la convergence des techniques NBIC, afin que l'utilisation de ces techniques nous fasse devenir plus que « des humains ». Une déclaration du Vatican en 2002 intitulée « Communion et service, les personnes humaines créées à l'image de Dieu » s'y oppose vivement. Le communiqué stipule que « changer l'identité génétique de l'homme, en tant que personne humaine, par la production d'un être infrahumain est radicalement immoral », ajoutant que « la création d'un surhomme ou d'un être spirituel supérieur » est « impensable » puisque la véritable amélioration ne peut survenir que de l'expérience religieuse. En d'autres termes, tandis que les transhumanistes trouvent dans les seules ressources humaines, scientifiques et techniques, les moyens d'atteindre une certaine perfection et un dépassement, pour les croyants seule la croissance spirituelle de l'homme (grâce à une synergie de la volonté et de l'effort humains) lui permet d'être perfectionné et augmenté.

Pour l'Église, le corps est le siège de l'âme et de l'intelligence. Vatican II le définit dans la relation à autrui et invite les chrétiens à faire don de leur corps à la condition que ce soit hors commerce (de toute façon, le corps est en droit français substrat de la personne et donc non commercial), laissant à

1. L'université de Toronto en 2004 a engagé le premier dialogue entre le transhumanisme et la foi lors d'un séminaire académique.

chacun le soin de décider. C'est pourquoi, même si le contrôle des corps reste pour les catholiques dans la perspective d'une émancipation des esprits, penser que la transformation du corps risque de modifier l'esprit est une aberration. Le mouvement humaniste conserve à l'homme les attributs de la finitude que révèle le dualisme esprit-corps, alors que le posthumanisme réduit le corps à un épiphénomène synonyme de finitude et de frein au désir d'éternité.

Admettre le principe que l'homme est homme parce qu'il a su s'arracher à l'inertie naturelle est admettre qu'on lui prête une indétermination première (dont les animaux, contraints par leur instinct, sont dépourvus), une existence contingente, donc une plasticité indéfinie, une malléabilité qui fait que rien ne s'oppose à son remodelage. « Une absence d'essence l'ouvre à tous les possibles[1]. » Avec Descartes, « l'homme ne devait qu'à son âme d'échapper à l'animal » ; avec les temps modernes, son corps représente l'inessentiel ; avec les transhumains, il acquiert l'autonomie et le droit à dépasser sa corporéité. L'écrivain et journaliste Jean-Claude Guillebaud va jusqu'à décrypter dans le projet transhumaniste une haine de la chair et du corps qu'il dénonce comme une nouvelle forme de pudibonderie : « Un peu partout, le corps est ainsi présenté comme une vieillerie encombrante, symbole de finitude, de fragilité et de mort. À mots couverts, c'est bien une nouvelle pudibonderie scientiste qui s'élabore. Elle renoue très curieusement avec le

1. Jean-Michel Besnier, *op. cit.*

rigorisme de la gnose des premiers siècles que les Pères de l'Église avaient combattu[1]. »

Alors, corps et esprit sont-ils réconciliables ? Allons-nous droit vers une fin de l'histoire, la mort de l'homme après laquelle il ne restera soit que des corps ayant forme humaine, mais privés d'esprit, soit un esprit sous la forme d'une réalité inorganique mais non vivante, comme le prédisait le philosophe Alexandre Kojève ?

L'univers a donné naissance à l'homme et l'homme, dont l'histoire s'insère dans celle du cosmos, a donné sens à l'univers. De « poussières d'étoiles », la matière s'est complexifiée de plus en plus pour finalement devenir Esprit. De vivante, elle est devenue pensante. Mais ira-t-on jusqu'à espérer un âge, comme nous le prédisent les transhumanistes, où la matière sera mise au service de l'Esprit ? Assisterons-nous à l'émergence d'une molécule posthumaine ? Osera-t-on bâtir la noosphère de Teilhard de Chardin et arrivera-t-on à s'aimer en ne se reconnaissant pas « comme les éléments d'un même quelque chose, mais comme ayant conscience de devenir un même quelqu'un » ? Formera-t-on « le front commun de tous ceux qui croient que l'Univers avance encore et que nous sommes chargés de le faire avancer » pour finalement en conclure que « l'étoffe de l'univers est l'Esprit-Matière ? [Qu']aucune autre substance que celle-ci ne saurait donner la molécule humaine [...] [et que] sans aucun doute, par quelque chose, énergie matérielle et énergie spirituelle se tiennent et se

1. Jean-Claude Guillebaud, *La Vie vivante : contre les nouveaux pudibonds*, Les Arènes, 2011.

prolongent. [Car], tout au fond en quelque matière, il ne doit y avoir, jouant dans le monde, qu'une énergie unique.[1] » ?

Au large débat de savoir qui, de la matière ou de l'esprit, créa l'autre, l'avenir nous révélera peut-être comment ce dernier, s'il est lié à la matière, s'accommodera de ses nouveaux « supports », tel ce substrat artificiel qu'on appelle le « Net », pour s'exprimer dans un monde posthumain.

## La condition naturelle et le péché

Pour en revenir aux origines, au moment de la création, quand l'homme reçoit l'ordre de soumettre la terre et de cultiver son jardin, on pourrait tout à fait comprendre que la culture en général, la technique en particulier, sont des réalisations concrètes de la vocation humaine et qu'elles pourraient donc s'appliquer à l'homme lui-même. En effet, pourquoi serait-il autorisé à intervenir sur tout, sauf sur son corps ? À cette réflexion peut s'ajouter toute une tradition philosophique qui, sous l'influence de la théologie chrétienne, donne à l'homme ce pouvoir et ce devoir de se forger, de s'inventer, comme précédemment évoqué. Il suffit de relire les textes de Pic de la Mirandole sur la dignité humaine pour s'en convaincre.

Mais alors, d'où vient ce sentiment que l'on peut faire un péché contre la nature humaine lorsqu'on a la volonté de dépasser sa condition naturelle ?

1. Pierre Teilhard de Chardin, *Hymne de l'univers*, Seuil, 1961.

Parce que certains prêtent à la nature un caractère sacré, nous la considérons « comme une puissance qui impose ses normes et à laquelle il ne faut pas désobéir sous peine de damnation… On la considère comme l'incarnation d'un ordre intangible divin[1]. » Donc, quand nous y touchons, nous péchons, nous transgressons, nous attentons à un ordre divin. Cependant, si nous sommes des créatures de Dieu, et si l'homme s'érige en agent divin en voulant changer la création de façon décisive, où commence vraiment le péché ? Qui souhaiterait retourner à l'âge de pierre ? Serons-nous bannis si nous intervenons pour le bien des générations futures ?

« Le péché originel exprime la loi de faute qui est en l'humanité en vertu de sa situation d'être en devenir, l'acte créateur faisant remonter l'être à Dieu des frontières du néant (c'est-à-dire des profondeurs du multiple, de quelque matière), toute création entraîne, comme son risque et son ombre, quelque faute, et se double inévitablement de quelque rédemption[2]. » Pour Pierre Teilhard de Chardin, l'humanité en devenir s'essaie à la liberté donnée par Dieu, d'où échecs et erreurs plus ou moins inévitables.

Comme nous l'avons déjà évoqué, « il faut que la nature se présente avec une connotation quasi religieuse pour que la notion de péché soit envisageable ». Si, en revanche, elle n'est plus à nos yeux un être autosuffisant achevé, mais un horizon ouvert à tous les possibles, alors il n'y a plus de transgression,

1. Jean-Michel Besnier, *op. cit.*
2. Jean-Jacques Antier, *Pierre Teilhard de Chardin ou La Force de l'amour*, Presses de la Renaissance, 2012.

plus de monstruosité. Les Lumières soutenaient qu'il n'est de savoir qu'émancipation, et lorsqu'on sait que la transgression est de l'ordre de l'humain, on ne s'étonne plus qu'il se définisse par son aptitude à transgresser la nature, celle-là même qui l'a déshérité en ne lui offrant que le minimum par rapport à la dotation des animaux. En rompant définitivement avec le monde animal, l'homme manifeste son humanité en créant d'un côté, un univers de symboles, de croyances, de religions et d'un autre, grâce à « l'outil » qui renforce son extériorité, en se tournant vers le « séparé », le « différent », « l'extra ».

Désormais, nous transgressons sans arrêt, nous « péchons », et évoluons dans une culture marquée par la « mort de Dieu », dans un monde qui ne reconnaît plus guère le sacré comme quelque chose de positif. La connaissance a pris ses distances par rapport au sacré et, avec le courant transhumaniste, elle s'approprie l'initiative de son destin. Les sciences cognitives et l'intelligence artificielle abolissent la finitude des corps.

## Entre Oméga et la singularité

Peut-on vraiment parler de religion ou de nouvelle conscience quand on croit, comme Ray Kurzweil, en la singularité – même s'il existe bien quelques points communs entre elle et les religions traditionnelles ?

Il est indéniable qu'une réflexion sur les tendances scientifiques engendrées par les nanotechnologies provoque les mêmes questionnements auxquels les religions tentent elles aussi de répondre : la nature de la mort, le sens de la vie, le but de l'univers. Mais être « singularitarien » ne relève pas de la foi comme le comprend la religion. La première chose à éviter fondamentalement pour les transhumanistes est de créer un nouveau dogme, un autre culte, car la singularité n'est pas un système de croyances ou de points de vue unis. « C'est fondamentalement une compréhension des tendances de base de la technologie, en même temps qu'une vision qui vous pousse à tout remettre en question, de la nature, de la santé, de la richesse, de la nature de la mort et de l'être », selon Ray Kurzweil pour qui le sens de la vie « est de créer et d'apprécier une connaissance toujours plus grande, de tendre vers un ordre supérieur ».

Lorsqu'on l'interroge sur la possibilité d'établir un nouveau système « d'exploitation charismatique » avec l'éventualité d'un nouveau Dieu, il répond : « Non, pas tout de suite, mais pas impossible qu'il y en ait un quand la matière et l'énergie de l'univers seront saturées par l'intelligence [...]. Alors Il se réveillera, sera conscient et sublimement intelligent. C'est ce qui se rapproche le plus d'un Dieu à mes yeux. » Il ne faut bien évidemment pas voir ici l'avènement d'une conscience biologique comme nous la connaissons aujourd'hui, mais plutôt imaginer une autre forme de conscience, encore inconnue. Par exemple, celle qui résultera de la fusion des ordinateurs entre eux, ce qu'en tant qu'humains nous sommes incapables de réaliser, puisque nous sommes chacun une individualité distincte qui ne peut pas être reliée à celle d'un autre.

Pierre Teilhard de Chardin faisait observer que l'évolution des êtres vivants les plus complexes de la planète allait de pair avec l'évolution et l'augmentation de leurs pouvoirs mentaux. Il en déduisit que les degrés de complexité depuis le début de la vie sur Terre correspondaient à des degrés de conscience et affirma : « Le seul temps qui compte est celui de l'avenir : nous allons à une vitesse accélérée vers un point, un moment final, que je nomme Oméga [...]. Dans un avenir imprévisible, le Jésus de l'histoire s'effacera peu à peu devant le Jésus de l'avenir, c'est-à-dire le Christ de cette récapitulation finale, le point Oméga[1]. » Bien sûr, la théorie du point Oméga est profondément chrétienne puisque son étape ultime est le Christ. Considérons avec respect son audace, en tant que religieux, d'avoir osé discuter de l'accélération du progrès technologique vers un « Oméga », dans lequel l'intelligence humaine deviendrait une superintelligence.

Son travail sur la propagation de l'intelligence humaine dans l'univers et son amplification dans une intelligence cosmique a été repris par Frank

1. L'ultra-humain conduit l'homme vers le point Oméga, terme ultime de la montée de l'esprit. Étant l'extrapolation de l'esprit humain absolu, son existence doit entraîner la conservation des consciences. La théorie du point Oméga (OPT) prétend que l'univers évolue vers un état final divin. L'OPT de Teilhard a ensuite été affinée et développée par Barrow et Tipler (1986) et par Tipler seul (1988, 1995). Les idées de la Barrow-Tipler OPT ont été à leur tour reprises par de nombreux transhumanistes dont Moravec (1988, 2000) et Dewdney (1998).

Tipler[1] et Ray Kurzweil[2]. Témoin de l'accélération du rythme des progrès technologiques, Pierre Teilhard de Chardin fit valoir que cette accélération allait conduire à l'émergence d'une « super-machine » mondiale : « toutes les machines sur Terre, prises ensemble, ont tendance à former un seul grand mécanisme organisé... Ainsi accélérer et multiplier leur croissance formera un réseau unique, gigantesque, qui ceinturera la Terre ». L'émergence d'une super-machine qui dirige sa propre évolution semble correspondre étroitement à l'idée de la Singularité développée par Ray Kurzweil, qu'il définit comme « une période future pendant laquelle le rythme du changement technologique sera tellement rapide, son impact si profond, que la vie humaine sera irréversiblement transformée et transformera les humains en super-humains[3].

Pierre Teilhard de Chardin écrivait aussi : « La singularité va nous permettre de dépasser les limites de nos corps biologiques et de nos cerveaux [...]. Nous

1. Frank Tipler né le 1er février 1947 à Andalusia (Alabama) est professeur de physique et mathématique à l'université Tulane (Nouvelle-Orléans), également cosmologiste et spécialiste de la physique mathématique quantique. Il est connu pour ses travaux sur les singularités dans les modèles cosmologiques. Il n'appuie pas les croyances créationnistes de certains groupes de fondamentalistes chrétiens mais il conclut à l'existence d'un dessein intelligent.
2. Ray Kurzweil affirme que « l'évolution se déplace inexorablement vers notre conception de Dieu, mais sans jamais atteindre cet idéal. Beaucoup de transhumanistes travaillent dans l'architecture conceptuelle de l'OPT de Teilhard sans en être tous conscients. »
3. Kurzweil, *The Singularity is Near*, New York: Viking Books, 2005.

serons capables de vivre aussi longtemps que nous le voulons [...]. La singularité représentera l'aboutissement de la fusion de notre pensée biologique et de notre technologie, nous entraînant dans un monde encore humain, mais qui transcendera nos racines biologiques. Il n'y aura aucune distinction entre l'homme et la machine ou entre la réalité physique et virtuelle. » Par cette réflexion décidément visionnaire, il affirme qu'il y aura une période de changements technologiques rapides pendant laquelle nous assisterons à la fusion de l'humanité avec la technologie[1]. On comprend mieux pourquoi il a été si décrié et si attaqué en son temps par des catholiques conservateurs et pourquoi les transhumanistes se sentent si proches de lui. Mais ces derniers pourraient bien avoir à livrer les mêmes batailles, sur des questions similaires, de par leurs engagements.

## La conscience des robots

Expliquer ou décrire la conscience est difficile car il n'existe aucun test objectif pouvant réellement prouver sa présence. On ne peut pas pénétrer l'expérience subjective de quelqu'un avec des mesures objectives directes. C'est pourquoi, envers tout ce qui ne présente pas un quelconque attribut biologique, certains refuseront toujours de croire que nos robots puissent posséder une quelconque forme de spiritualité... à moins bien sûr qu'ils ne vomissent

1. Teilhard de Chardin n'identifie pas cette période avec la singularité. Pour lui, la singularité vient plus tard. La fusion de l'humanité avec la technologie, c'est la naissance de la noosphère et l'émergence de l'esprit de la Terre.

des neurones, des neurotransmetteurs ou une synthèse de protéines guidée par un ADN !

Comme précédemment évoqué, un individu se construit tant par son patrimoine génétique que par les apports de son environnement. Nous réagissons en fonction de ce que nous apprenons, tout comme les robots. Nous serons bien obligés un jour d'admettre que ces futures machines, considérablement plus intelligentes que nous, feront probablement beaucoup plus souvent que nous preuve de cette finesse de la pensée humaine qui nous caractérise. Les Japonais sont sur le point de produire l'humanoïde de type « *HRP-2 Promet* » et les « émorobots » du programme européen *Feelix Growing*[1] seront peut-être actifs lorsque vous lirez ces pages. Ainsi, quand nous connaîtrons de façon extrêmement détaillée tout ce qui se passe dans le corps humain, son cerveau en particulier, et que ces « données » seront transférées dans un autre substrat, pourquoi ne pourrions-nous pas parler, à son propos, de conscience ? Nos machines pourraient alors un jour dire qu'elles aussi ont des émotions, des sentiments, des expériences spirituelles, des pensées ! Elles finiront par nous convaincre qu'il n'y a plus de distance entre l'intelligence biologique et la non biologique, qu'elles souffrent et rient comme nous. On peut comprendre alors que, bientôt, il n'y aura plus « de différence de nature entre l'homme, l'animal, la machine, mais de simples différences de degré, entre des organismes plus ou moins complexes, avec une intelligence susceptible

1. Programme européen commencé en décembre 2006 pour l'élaboration d'émorobots interagissant socialement et émotionnellement avec les humains.

d'habiter peu ou prou chacun des niveaux de ces organismes[1] ». « Plus les technologies d'informatique et de communication envahissent notre espace, plus elles le virtualisent », abolissant de fait toute frontière ; frontières et revendications identitaires disparaissent. « Grâce à Internet, nous avons écrasé l'espace et le temps, et réalisé une proximité qui rend pensable cette fusion. Nous sommes devenus de simples neurones de la planète Terre. » C'est justement les trois vertus de la vulgate bouddhique que nous rappelle Jean-Michel Besnier (et dont se sentent si proches certains transhumanistes) : l'interdépendance, éprouvée dans le cyberespace ; l'impermanence, du fait de l'éphémère de nos échanges ; la vacuité du moi, car nous réduire à de simples neurones nous rend interchangeables et toujours remplaçables.

Nous nous acheminons vers une fusion de l'écosystème naturel et artificiel et, comme le souligne Joël de Rosnay[2], « plutôt que nous enfermer dans des emboîtements successifs [il faut] nous représenter comme intégrés, sans nous y perdre, dans un plus grand que nous ». Mais pour y arriver, l'homme doit s'ouvrir à ce qui le dépasse. Sinon, comment accepter ces nouvelles consciences qui prétendront posséder l'esprit non biologique ? Dans ce contexte, il semble que nous devions nous préparer à accueillir une forme de vie nouvelle, un « successeur » comme le nomme Jean-Michel Truong[3], susceptible de prendre la suite de l'homme comme habitacle de la conscience.

---

1. Jean-Michel Besnier, *op. cit.*
2. Joël de Rosnay, *L'Homme symbiotique*, Seuil, 2000.
3. Jean-Michel Truong, *Totalement inhumaine*, Seuil, 2001.

## La religion et la société transhumaine

Toute technologie étant neutre par essence, c'est ce que nous en faisons qui la rend néfaste. Se détourner du problème que pose la pensée transhumaniste n'évitera pas ses conséquences éventuellement mauvaises, ni ne la fera disparaître mais au contraire, nous rendra vulnérables, nous ôtant toute possibilité de contrôle. « Les critiques adressées aux biotechnologies sont largement fondées sur la référence à des valeurs d'individualisme et de réalisation personnelle qui sont celles de l'Occident[1]. » « Posséder en tant qu'individu des droits inaliénables, et faire primer notre liberté personnelle sur toute considération d'appartenance de groupe est entièrement culturel ; c'est le fruit de la philosophie des Lumières et la Déclaration des droits de l'homme [...] Sur d'autres continents au contraire, comme l'Afrique et l'Asie, l'individu compte moins en lui-même », il est l'élément d'une collectivité à laquelle il doit se soumettre. C'est pourquoi l'opposition aux biotechnologies n'existe que dans le cadre de nos frontières culturelles, et elle est minoritaire au niveau mondial. Il y a fort à parier que les bioconservateurs ne résisteront pas longtemps et que « l'opposition néo-luddite se résumera à une croisade symbolique, n'ayant d'autre fin que de justifier et valoriser le fonds de commerce de ceux qui la mènent ». Les religions traditionnelles, les théologies trop rigides, ont du mal à suivre l'évolution technologique car beaucoup de scénarios ne fonctionnent plus avec leurs dogmes. Et Laurent Alexandre de conclure qu'en persistant dans

1. Laurent Alexandre, *op. cit.*

leur obscurantisme, elles se couperont de la société naissante et « fixeront le niveau de science auquel elles souhaitent rester fidèles ». Il faudra vraiment qu'elles évoluent pour perdurer dans le nouveau monde qui se profile.

On ne peut nier qu'un des points positifs lancés par le défi transhumaniste est de nous obliger à nous questionner sur le fondement de nos croyances, de nos espérances et de nos valeurs au sein d'une société que nous sommes en train de construire. Sommes-nous en mesure de répondre aux interrogations suivantes : si chaque amélioration prise individuellement peut paraître quelque chose de bien, l'accumulation des progrès ne va-t-elle pas nous faire entrer dans une société où le plaisir de vivre sera réduit à très peu de choses ? La vie éternelle est peut-être une hypothèse sérieuse, mais faut-il nécessairement s'en réjouir ? La mort est-elle souhaitable ? Une vie sans fin peut-elle être un cauchemar ? Si « la prolongation de la vie n'est pas un problème en soi, n'est-ce pas la prolongation d'une existence mal vécue qui l'est[1] » ? Quels buts à la vie peut-il y avoir dans une société dé-spiritualisée ? Peuvent-ils être trouvés en dehors d'une promesse divine ? Une vie sans promesse spirituelle est-elle possible ? Les religions traditionnelles auront-elles encore une place au temps des NBIC ? Le Dalaï-Lama se passionnant pour la neuro-théologie, le bouddhisme sera-t-il la religion du transhumanisme ?

1. *Idem.*

## À PROPOS DE LA TRANSCENDANCE

Si rien, d'un point de vue humain, ne peut échapper à la technique, alors il faudra faire appel à une forme de transcendance. Jacques Ellul dit à ce sujet : « Je ne veux pas dire que Dieu interviendra directement sur la technique [...] mais c'est avec l'appui de la révélation du Dieu biblique que l'homme pourra retrouver lucidité, courage et espérance. » Sans cela, il ne lui restera plus que le désespoir !

L'idée de dépassement ou de franchissement que sous-tend le terme transcendance pour les religieux désigne ce qui est au-delà du perceptible et des possibilités de l'entendement. La transcendance reste un attribut de Dieu parce que dans le monde créé par Lui, il demeure l'invisible. La notion est particulièrement abstraite mais, comme le décrivent très bien nos dictionnaires philosophiques, elle ramène toujours à l'idée d'extériorité et de supériorité. Le Dieu des monothéismes est un être transcendant, car extérieur au monde : il n'est pas quelque part dans la création, il est hors de la création. Il existe au-delà d'elle. Mais l'extériorité ne suffit pas. Un élément est transcendant lorsqu'il relève d'un ordre différent et supérieur à un autre. Dieu est transcendant au monde, mais le monde n'est pas transcendant à Dieu. Le monde est une création, il est inférieur à son créateur. Le mot transcendant est donc principalement utilisé pour discuter des relations des hommes avec Dieu, ou de celles de Dieu avec le monde, et il prend une dimension spirituelle (au sens « qui contient un esprit », c'est-à-dire une conscience) pour les catholiques, par exemple, qui considèrent que c'est sa seule signification.

À l'inverse, les transhumanistes, et certains philosophes comme Spinoza, maintiennent que Dieu se manifeste partout dans le monde et que la transcendance fait référence à tous les niveaux de la réalité (la création, l'art, la culture, la technologie...). Transcender signifie pour eux « aller au-delà » des pouvoirs ordinaires du monde matériel. Ils soutiennent que c'est précisément dans le monde de la matière et de l'énergie que nous rencontrons la transcendance : des coups de pinceau sur une toile ne sont que peinture mais organisés entre eux, ils « transcendent » la matière et deviennent art ; de la même façon, à l'aide d'un logiciel, on obtient la « transcendance » de la technologie.

De ces deux conceptions en apparence opposées, le transhumanisme n'en ressort pas comme étant le support d'une religion, au sens conventionnel du terme. Mais, comme elle, il nous promet la transcendance, à la différence près que la sienne s'acquiert à travers nos propres moyens technologiques, et non à travers Dieu. Maintenant, reste à savoir si la transcendance espérée à l'aide de nos machines sera aussi bienveillante que celle qui nous était promise par nos dieux.

Troisième partie

# L'actualité du transhumanisme

Chapitre 1

# Transhumanisme, politique et économie

Au XIX^e siècle, l'amélioration des conditions de vie dépendait déjà plus des actions scientifiques que sociales. Avec le développement exponentiel de la technique, en particulier de la robotique et de l'informatique, qui conditionnent l'ensemble de l'économie, le phénomène est encore plus criant ; le biologique devient politique et prend un véritable pouvoir. C'est pourquoi le courant transhumaniste impacte autant la sphère politique et économique planétaire que la sphère scientifique. Les partisans de ce mouvement se donnent tous les moyens d'agir, tant sur les hommes au pouvoir que sur le fonctionnement de certaines institutions ou sur l'orientation de la recherche. Un *lobbying* est à l'œuvre, prônant l'adoption enthousiaste des NBIC pour changer l'humanité. Sa puissance grandit presque au même rythme que la technologie. Très actif sur les rives du Pacifique, en Californie, et de la Chine à la Corée du Sud, ce marché tend maintenant à devenir le cœur de l'économie mondiale : l'armée est impliquée parce qu'elle veut de super soldats, les entreprises sont impliquées parce qu'elles veulent de nouveaux produits et qu'elles financent en contrepartie les centres de recherche, les scientifiques sont impliqués parce qu'ils veulent des subventions. Il ne reste plus aux politiques qu'à définir clairement les finalités de leurs recherches, orienter les nouvelles découvertes en leur donnant un sens, expliquer si les objectifs sont bons ou mauvais et, enfin, décider du bien-fondé ou pas des applications.

Notre avenir présumé s'ouvre largement aux idées transhumanistes et à leurs axes de recherche. Pourvoyeurs très actifs de son avance au quotidien, inconscients des conséquences engendrées par nos incessantes insatisfactions, nous n'en avons jamais assez et demandons toujours plus. Nous voulons plus d'égalité même si elle ne conduit pas nécessairement à l'uniformité ; plus de libertés, ce qui nous pousse à refuser toute contrainte ; plus de vie sur terre, ce qui nous amène à accepter toute mutation sociale ou scientifique permettant de lutter contre la mort (ou au moins de la retarder) ; plus de sécurité, même si cela nous entraîne droit vers une dépersonnalisation de l'individu. Les progrès techniques qui découlent de ces attentes, soutenus par l'accumulation de nos désirs individuels, s'orientent tout naturellement dans le sens exigé par ces nouvelles valeurs.

La prospérité de notre économie conditionnant notre niveau de vie et notre bien-être, l'avènement d'une posthumanité sera obligatoirement accompagné par des changements radicaux de nos modèles économiques, politiques, éthiques et culturels. Pourrons-nous supporter ces changements sans nous transformer en une « collection d'artefacts producteurs d'artefacts[1] » ?

1. Jacques Attali, *Une brève histoire de l'avenir*, Fayard, 2012.

Trouverons-nous encore des intérêts dans un monde où nos moindres désirs et nos envies seront immédiatement satisfaits ?

## Aux États-Unis

Jacques Attali, dans son ouvrage *Une brève histoire de l'avenir*, explique la chronologie, époque après époque, des événements économiques et politiques qui nous ont successivement conduits du pouvoir religieux au pouvoir militaire pour finalement aboutir à l'installation définitive du pouvoir marchand. Depuis la suprématie de ce dernier, neuf villes en ont été le « cœur »[1] : Bruges (1200-1350), Venise (1350-1500), Anvers (1500-1560), Amsterdam (1620-1788), Londres (1788-1890), Boston (1890-1929), New York (1929-1980) [...] et depuis 1980, Los Angeles. Ce n'est donc pas un hasard si, désormais, le centre du transhumanisme se trouve aux États-Unis, en particulier dans la Silicon Valley[2], où sont regroupés les industries du pétrole, du cinéma, de l'électronique, de l'aéronautique, les centres de recherche les plus pointus, les centres militaires, des universités, sans parler des vignobles et de quelques mines d'or !

1. Un ordre marchand dure tant que le cœur (ville) peut réunir assez de richesses pour maîtriser le milieu (anciens et futurs rivaux) et la périphérie (reste du monde qui vend ses matières premières au cœur et au milieu). Il s'essouffle et disparaît quand le cœur doit consacrer trop de ressources pour maintenir la paix intérieure.
2. La Silicon Valley rassemble presque tous les anarcho-capitalistes libertariens, au sens politique du terme, qui ont une influence sur la pensée globale transhumaniste

Même si Jacques Attali pense que Los Angeles gardera sa place de leader encore un certain temps, il prévoit déjà la fin de ce neuvième centre et l'avènement d'un dixième : « Avec l'automatisation et la manipulation de l'information comme enjeu majeur, la création d'Internet apparaît sous les traits d'un nouveau continent, cette fois virtuel, à découvrir, à peupler, à organiser, avec un champ infini de perspectives pour les activités marchandes. » Toujours aux États-Unis (qui restent le refuge le plus sûr pour les capitaux, les élites, et la première puissance militaire, technologique, financière, culturelle du monde), ce nouveau centre se constituerait d'une plateforme dans un univers lui aussi virtuel, où règneraient des automates de gestion virtuels, entraînant de fait une destruction de l'identité nationale et de l'État, tels que nous les concevons de nos jours.

Sergueï Brin et Larry Page, les fondateurs de Google, sont en train de le créer avec Alphabet, devenant ainsi les leaders mondiaux du virtuel (en plus de celui des branches travaillant sur les NBIC). Cette nouvelle société, née en 2015, qui a pour vocation de chapeauter toutes les activités faisant déjà partie de Google (depuis Internet jusqu'au séquençage de l'ADN), est en phase d'acquérir d'immenses pouvoirs. Dans son sillage, toutes les industries qui détiennent ou inventeront les technologies du futur, qui participeront au changement biologique de l'homme par le biais de la connaissance (grâce à l'intelligence artificielle) et qui développeront la robotique et les sciences du cerveau, possèderont, elles aussi, les pouvoirs nécessaires pour diriger notre XXI^e^ siècle.

Google, et maintenant Alphabet, vont certainement poser des problèmes politiques, moraux, juridiques, culturels à nos dirigeants, et on pourrait s'attendre à ce qu'un pouvoir, indépendant du législatif, du judiciaire, de l'exécutif et du médiatique voit le jour : celui des données.

Même si beaucoup pensent que le transhumanisme, comme l'écologie, ne devrait pas constituer un parti politique, mais rester un état d'esprit, un courant de pensée, et qu'à ce titre, il devrait être représenté dans toutes les factions politiques, il n'est pas improbable malgré tout que les Américains élisent un jour un président ayant fait campagne sous la bannière d'un « parti transhumaniste »[1] ! Des dizaines de factions, encore embryonnaires, voient le jour dans le monde entier et s'organisent autour de plateformes politiques. Alexander Karran, le challenger britannique pro-européen, pro-immigration et militant pour la liberté morphologique (comme Neil Harbisson), a déjà choisi son slogan : « Les technologies doivent profiter à tous, pas seulement aux puissants » et son programme suit en beaucoup de points les vœux transhumanistes : développer les technologies vertes pour réduire l'impact carbone, réformer en profondeur le système démocratique grâce à de nouveaux outils numériques, financer la recherche sur la médecine régénérative, instaurer un revenu universel de base, *etc.*



1. Ancien journaliste et bloggeur américain, Zoltan Istvan est le premier transhumaniste à se porter candidat à une élection présidentielle américaine : il se présente au scrutin de 2016.

Convenons-en, le GAFA[1], son cousin chinois BAT et bientôt NATU, en secouant notre nature humaine, en bousculant nos cerveaux, sont en train de transformer radicalement la politique et l'économie mondiale. La nouvelle étape de l'extension marchande vers une économie libérale s'appuie sur trois mots clés : « augmentation, performance, productivité », et améliorera la compétitivité des économies en augmentant la performance des individus[2]. Elle risque de s'accompagner de contradictions et de déséquilibres sociaux qui, sous la pression économique grandissante, vont s'amplifier, s'exacerber, entraînant le monde dans une ère de conflits répétés. Les guerres entre religions et différentes visions du monde pourraient reprendre de plus belle, obligeant de fait l'industrie de l'armement, qui entretient d'étroites relations avec les développeurs des technologies futures, à sortir ses nouveaux jouets. Pour pallier les défaillances humaines, les armées développeront de nouvelles armes de plus en plus destructrices. Ce pourrait être purement et simplement la fin de notre humanité, comme celle, d'ailleurs, de tous les écosystèmes dévastés par les exploitations multiples[3] !

1. GAFA (Google, Apple, Facebook, Amazon). BAT (Baidu, Alibaba, Tencent). NATU (Netflix, Airbnb, Tesla, Uber).
2. Ce qui est en jeu est principalement l'adaptabilité des personnes à toute circonstance, avantageant certains (ce seront les gagnants du système), défavorisant les autres. Une autre notion importante à prendre en compte sera aussi la mobilité obligée des travailleurs. La multiplication des données donnant plus d'applications et augmentant de ce fait la concurrence imposera des changements fréquents de lieu.
3. Disparition de la faune (16 300 espèces disparaissent chaque année), de la flore (à ce rythme de destruction, dans quatre ans il n'y aura plus de forêt), de l'eau potable.

Alors, face à ce chaos annoncé, comment s'en sortir, quelle gestion adopter, quelle politique mettre en place ?

Et si seuls des humains d'un nouveau type, des transhumains, étaient capables de remettre le monde sous contrôle et de proposer un développement harmonieux à l'ensemble des hommes ? Jacques Attali envisage cette possibilité, à condition que ces derniers réorientent les industries du bien-être individuel vers l'indispensable, et la politique du bien-être de tous, vers un bien commun dont la dimension principale serait une intelligence collective[1], « c'est-à-dire une intelligence propre, pensant différemment que chacun des membres du groupe, qui serait le résultat de liens entre les intelligences individuelles pour créer du neuf, qui ne serait pas utilitaire mais gratuite, et se traduirait par des réseaux coopératifs planétaires ». Espérons qu'Alphabet s'inspire de ces belles paroles et en fasse sa profession de foi.

« On peut se prendre à rêver, et même concevoir qu'un jour, des machines défendront le bien commun, pour faire émerger une intelligence de l'espèce qui agirait en fonction de son propre intérêt, possiblement différente de l'intelligence universelle d'une génération d'êtres humains. Nous assisterions alors à la naissance d'un degré ultime d'évolution, une sorte d'hyperintelligence du vivant dont l'humanité ne serait qu'une infime composante », conclut Jacques

1. Ce qui est différent de la somme des savoirs. Par exemple, un réseau neuronal fait de cellules devient une machine à apprendre, un ordinateur réfléchit différemment que chacun de ses microprocesseurs, une ville est distincte de chacun de ses habitants.

Attali. Pour paraphraser Neil Armstrong[1], nous aurions alors fait un grand pas pour l'humanité et un petit pas vers la singularité !

## En Europe et en France

Même si les Britanniques Alex Karran et Amon Twyman[2] viennent de créer le premier parti transhumaniste européen avec une première réunion à Londres (TPUK) qui a rassemblé cinquante participants (en octobre 2015), globalement, l'Union européenne stagne et reste un simple espace économique faute de modernisation, à cause de sa faible capacité à susciter l'innovation, à accueillir les étrangers, à récupérer des chercheurs, à éviter la fuite des cerveaux et surtout par le manque de moyens de ses entrepreneurs. La France, quant à elle, est en plein déclin. Pays sédentaire ayant toujours privilégié l'agriculture, les industries alimentaires, la rente foncière, les intérêts bureaucratiques au détriment de l'industrie, du profit, de la mobilité, de l'innovation, du mouvement, nous ne sommes pas préparés au changement. Jacques Attali nous décrit comme « travaillant moins que les autres pays, sans pour autant accueillir, former, susciter une classe créatrice. Les produits français ne suivent pas les évolutions de la

1. "That's one small step for a man, one giant leap for mankind."
2. Lors de leur première réunion le 4 octobre 2015 à Londres, Alex Karran parle des objectifs du parti en ces termes : « Nous souhaitons surtout éduquer le public sur les technologies émergentes, dont beaucoup bénéficient en fait déjà, comme avec les implants cochléaires. Il existe donc de nombreux transhumanistes qui s'ignorent. » Le parti anglais est fermement opposé à celui de Zoltan aux USA.

demande mondiale. L'augmentation des impôts, plus rapide que la production, implique que nous ayons le taux d'emploi le plus bas du monde, accentuant de fait les inégalités. Enfin, notre classe créatrice s'envole. » Notre régime capitaliste, fondé en principe sur le risque et l'innovation, refuse les risques liés aux nouvelles technologies, d'où notre prochaine vassalisation économique et technologique. « Aujourd'hui, continue-t-il, elle n'est pas prête, et son obscurantisme au regard de ce qui se prépare ne plaide pas en notre faveur. » Nous occultons de notre réflexion politique l'immense biodiversité technologique qui se profile, en restant cachés derrière notre pauvre arbre nationaliste !

Lorsqu'il parle de nos dirigeants, Laurent Alexandre est autant critique : « Leur haine de la technologie est hors de toute ressource thérapeutique. La France a cinq ans de retard sur l'Amérique parce que nos énarques sont technophobes ! Pas un ingénieur au gouvernement ! » Quant à la création d'Alphabet par Google, il la qualifie « d'organisme plus fort et plus puissant que François Hollande » ! Son analyse politique et économique[1] a de quoi faire frissonner et rejoint les propos de Michel Serres, qui n'hésite pas à dire que « nos grandes institutions ressemblent aux étoiles : on en reçoit la lumière mais l'astrophysique nous dit qu'elles sont mortes depuis longtemps[2] ! » Jean-François Copé, dans un de ses *tweet* (31 mai 2015), invite à nous poser très vite la question de savoir si nous sommes prêts à vivre 200 ans et, si oui, comment. Penser à l'immortalité viendra après !

1. Laurent Alexandre, *La Mort de la mort*, *op. cit.*
2. Serres Michel, *Petite Poucette*, Le Pommier, 2012.

« La peur technologique est au-dessus de nos moyens », avoue de son côté l'économiste Jean de Kervasdoué. Continuons à nous voiler la face et nous perdrons notre prospérité future sans pour autant avoir gagné quoi que ce soit d'un point de vue économique et politique. Nous revivons avec les cellules souches, par exemple, l'absence de stratégie que nous avons eue avec la génétique, à force de trop légiférer, de notre sempiternel « vouloir ne déplaire à personne », à cause du principe de précaution[1]. Ce cher principe, si prisé par nos politiciens, est devenu un réflexe antitechnologie. Le malthusianisme technologique, au nom des bons sentiments et de l'éthique, est en train de faire prendre un retard considérable, voire irréversible[2], à l'Europe, l'Occident ne maintenant son niveau de vie que grâce à un endettement massif. Pour le moment, « nous regardons le train (des technologies) partir, nous agitons nos mouchoirs... ils nous serviront toujours à essuyer nos pleurs après », plaisante Laurent Alexandre. La grande Amérique a dû, elle aussi, faire face à ce phénomène quand les recherches sur les cellules souches ont été bloquées au niveau du financement par l'administration Bush II. Mais elle a su réagir vite : quelques semaines après son arrivée à la Maison Blanche en 2009, Barack Obama a débloqué tous les financements.

La recherche du « toujours plus », prônée par la pensée transhumaniste, et la science en particulier, joueront un rôle prédominant dans la façon de gouverner

1. Les bioconservateurs poussent les institutions à d'abord légiférer, au nom du principe de précaution (écologiste) ou au nom de la dignité humaine (religieux).
2. Jacques Attali l'avait prédit dès 1980.

la société future. Le futuriste Hugues de Jouvenel pensait que « notre futur ne se prédit pas, il se construit[1] ». En effet, il ne se prédit plus, nous le fabriquons.

Malheureusement, les savoirs et les connaissances s'accumulent dans les laboratoires plus vite que les décisions prises quant à leur utilisation. Les méthodes actuelles de gouvernement sont inadaptées pour cette gestion et il faudrait un nouveau « logiciel politique[2] » pour que la société française récupère la maîtrise de ce futur. Dans son ouvrage *La Souveraineté numérique* paru en 2014, Pierre Bellanger s'inquiétait de la perte de la souveraineté française face aux géants américains. Laurent Alexandre s'inquiète, lui, de la méconnaissance des nouvelles technologies de la part de nos dirigeants, ce qui les oblige à instaurer des politiques défensives par manque d'anticipation, et à accorder une priorité à la défense du passé plutôt qu'à la prévision de nouveaux modèles économiques. Il semble que leur seule préoccupation soit les prochaines élections. La multiplication de « cimetières d'éléphants blancs[3] » fleurit, nous concentrons plus d'aides aux vieux groupes industriels et pas assez à ceux qui nous permettraient d'anticiper les tendances du futur. Pour

1. www.lenouveleconomiste.fr, 20 avril 2010.
2. Laurent Alexandre, *op. cit.*
3. L'expression vient des pays de tradition hindouiste ou bouddhiste. En économie, c'est une réalisation somptuaire inutile favorisée par un système d'allocation des ressources encourageant la maximisation des dépenses. L'expression peut être utilisée pour désigner des travaux qui n'aboutissent jamais et qui sont des échecs techniques ou économiques (cf. Laurent Alexandre).

le moment personne ne se préoccupe de ces questions car elles ne cadrent pas avec les calendriers politiques. Et pourtant, les hommes de demain, qui vivront cent ans et plus, devront faire face aux décisions « court-termistes » de leurs dirigeants[1]. Seulement voilà, la France n'est pas encore en mode « singularité », elle n'a pas passé la vitesse supérieure et reste incapable d'adopter des approches à long terme : comment une start-up d'ordinateurs quantiques pourrait-elle être financée en France, vu le faible nombre d'industriels français du numérique en bonne santé ? Il faut « penser pour la prochaine génération plutôt que pour la prochaine élection », nous enseignait Churchill. Car, pendant ce temps précieux que nous perdons, l'Iran investit plus que nous dans la recherche sur les cellules souches, « l'Asie, qui ne partage pas notre fascination pour le principe de précaution, prépare sa revanche sur l'Occident[2] » et Barack Obama nomme un généticien à la tête de l'administration de la santé et de la recherche. La conséquence de notre politique pourrait bien être notre vassalisation avec, à terme, la fin de notre protection sociale ou tout simplement de notre système de santé. « Les maîtres d'hier risquent de devenir les esclaves de demain[3] », et les technologies NBIC, les nouveaux leviers du pouvoir[4].

1. Charles-Édouard Bouée (en collaboration avec François Roche), *Confucius et les Automates*, Grasset, 2014.
2. Laurent Alexandre, *op. cit.*
3. *Idem.*
4. Dans la compétition économique et politique entre l'Asie et l'Occident, disposer d'armées d'ingénieurs et de scientifiques de très haut niveau serait un avantage géopolitique considérable (Laurent Alexandre, *Le Monde*, 9 mars 2013).

## Les dangers encourus

Le mouvement posthumaniste a surtout intéressé jusqu'à présent les élites intellectuelles des États-Unis. Beaucoup y voient une façon de marquer leur différence et leur droit à l'hégémonie sur le reste de l'humanité. Talleyrand le disait en son temps : « La politique sera toujours l'art d'agiter les peuples avant de s'en servir. » Il y a de quoi frémir, d'autant que l'augmentation prévisible des affrontements entre les riches et les pauvres ne fera que s'accentuer dans un premier temps. Très vite, les posthumains de l'Amérique du Nord et d'une petite partie de l'Europe affirmeront que ce sont eux qui détiennent, grâce à leur technologie, les valeurs d'avenir de l'humanité. Car la grande convergence NBIC affiche des promesses extraordinaires, mais cache aussi certains risques comme une domination totalitaire, une forme d'esclavage pour une frange de l'humanité (celle qui refusera de se « transformer »), voire une fin de notre monde. « Que la plupart des habitants de la planète n'aient pas commencé à réaliser cette possibilité, c'est une évidence. Que la très grande majorité de ceux qui ont commencé à la percevoir réagisse d'abord en se refusant à assumer cette responsabilité et les risques qui y sont inhérents, c'est bien compréhensible. Mais au nom de quoi, au juste, ces majorités pourraient justifier de l'interdire à ceux qui souhaitent avancer dans une des voies transhumanistes, tant que leurs expérimentations ne mettent évidemment pas en cause la liberté ou la sécurité d'autrui ? », demande Marc Roux[1]. Très

1. www.ensci.com/blog/humanitesnumeriques/2013/01/06/285

certainement, certaines prérogatives « humanistes » pourraient bien être mises à mal avec l'avènement de l'ère transhumaniste.

## Danger pour nos libertés

Les sciences naturelles tendent à montrer que la plupart des différences apparentes entre les hommes sont affaire de convention plutôt que de nature. Une bonne partie de notre monde politique repose sur l'existence d'une essence humaine dont nous sommes dotés par nature, ou plutôt, sur le fait que nous croyons en l'existence d'une telle essence. L'individu est, selon les courants de pensée, doté d'une liberté première, qu'elle soit divine ou naturelle, justifiant son droit d'opposition à l'oppression et régulant ses relations avec autrui. Mais, avec un avenir posthumain qui souhaite transformer cette essence avec le temps, ce mot pourrait bien changer de sens. Jusqu'à présent, cela signifiait poursuivre les fins que notre nature avait établies pour nous. Maintenant, il se pourrait bien que le prochain stade de l'évolution soit celui où nous prendrons en main notre propre constitution biologique, au lieu de l'abandonner aux forces aveugles de la sélection naturelle, et ce ne serait alors plus l'essence qui confèrerait notre liberté, mais la liberté qui permettrait de rechercher l'essence. Cependant, attention : les nouvelles technologies ne sont-elles pas en train de détourner nos libertés au profit du pouvoir ?

Prenons un exemple : notre demande obsessionnelle de sécurité. Si « la sécurité est le plus grand ennemi des mortels » (Shakespeare, *Macbeth*), elle est le bras des États, l'instrument idéal de contrôle et de préservation de ses intérêts. « La phobie du risque, la multiplication des normes, la déresponsabilisation de l'individu génèrent un cercle vicieux, entre demande de protection et promesse de confort[1] » et « favorise l'élection d'États autoritaires bâtis sur des sentiments de peur et de haine, là où la liberté est sans cesse sacrifiée[2] » au profit de la sécurité.

C'est pourquoi, « jouant les marchands de peur », les hommes politiques vont profiter de la « vague NBIC pour accroître leur contrôle » : ils se serviront de la génétique pour dresser le portrait-robot de quelqu'un à partir de son ADN[3] ; puis, ces crypto États « nounous, à force de nous contrôler, de nous prévenir, de promettre de nous sauver, réduiront à néant nos sphères de liberté[4] », nos exigences d'autonomie, nos responsabilités.

Il apparaîtra bientôt naturel que nos dirigeants invoquent la sécurité de tous, pour rendre obligatoire le « puçage » personnel (afin de réduire les enlèvements par exemple). Peut-être est-il déjà trop tard pour se poser cette question, car, par l'intermédiaire de nos ordinateurs, de Facebook, de nos téléphones portables, de la biométrie, des programmes de reconnaissance faciale et de ses multiples champs d'application (l'analyse des empreintes digitales, de l'iris, de la voix,

1. Gaspard Kœnig, *Le Révolutionnaire, l'Expert et le Geek*, Plon, 2015.
2. Laurent Alexandre, *op. cit.*
3. Les Américains sont proches de cela ; pas les Français qui n'ont actuellement, pour des raisons juridiques, le droit d'étudier que certaines zones de l'ADN (zones dites non codantes).
4. Laurent Alexandre, *op. cit.*

des points caractéristiques du visage), de nos *tweets*... nous sommes tous « épinglés », « pucés », « codés », « (dé) pistés ». Imaginez-vous un jour devoir obligatoirement donner une de vos cellules aux autorités sanitaires pour qu'elles établissent ensuite un programme de réparation génétique sous peine d'amende, plaisante Laurent Alexandre ? Répondre non, c'est prouver que nous possédons encore au fond du cœur certaines valeurs humanistes, et en particulier celle du respect de la liberté individuelle. Mais pour combien de temps ? Regardons la Grande-Bretagne : son Conseil de l'ordre des médecins préconise activement de révéler les anomalies génétiques dont un membre de la famille est atteint pour permettre une prévention précoce.

L'atteinte de nos libertés *via* l'outil génétique donnera à l'État un moyen d'accentuer son pouvoir de prévoyance pour améliorer nos vies malgré nous, et augmentera de fait son pouvoir sur la société. Nous souhaiterions bien imposer un certain « voile d'ignorance » (expression de John Rawls dans ses écrits sur la justice, 1971) en freinant l'application de ces pratiques, mais l'interdit sur le diagnostic génétique ne tiendra pas longtemps face à la demande des familles. Et si l'on pousse encore plus loin le raisonnement, on peut sans trop se tromper affirmer que « l'individualisation de la santé va devenir une revendication forte[1] ». Chacun voudra payer pour ses propres risques, entraînant probablement dans son sillage l'effondrement du principe de solidarité de la sécurité sociale. On pourrait même imaginer

1. *Idem.*

l'instauration d'une taxe de solidarité génétique touchant les gens, inversement proportionnelle à leur handicap génétique. Bien évidemment les porteurs de gènes plutôt « bons » voudront y échapper. Alors « après l'exil fiscal on pourrait bien assister à l'évasion génomique », selon Laurent Alexandre !

Un autre exemple : l'automatisation des voitures. Dès lors que sera prédéfinie une destination sur notre nouvelle application smartphone, finie l'envie subite de flâner en route, de s'arrêter soudainement pour admirer un paysage, de changer d'itinéraire pour aller dire bonjour à un cousin proche ! Finis les départs le 1er juillet (si trop de monde demande un départ le même jour, votre voiture ne démarrera même plus), adieu les joies des bouchons (sauf défaut de codage), plus de poussées d'adrénaline sous l'effet d'une conduite un peu « sportive » ! Déresponsabilisés de tout, nous ne serons plus les maîtres à bord. Sauf pour une élite qui payera le prix fort pour jouir encore de ces « anciennes libertés ».

Et que dire à propos de notre liberté de penser ? Existera-t-elle encore quand on sait qu'Amazon anticipe déjà mieux que nous-mêmes la sélection de nos prochaines lectures et que se mettent en place des start-up (telle Hunch.com) qui comptent produire des programmes de « décisions » pour éviter aux utilisateurs de réfléchir ? Le phénomène pourrait s'accentuer et toucher notre vie privée avec le développement intensif des modèles d'interaction entre les hommes et les robots par l'expression des sentiments. Oubliant que ces derniers ne sont que des machines à simuler, nous les considérerons comme des amis et nous leur confierons tous nos petits secrets, qu'ils s'empresseront d'enregistrer et de transmettre à l'intelligence artificielle qui les aura créés.

Face à cela, Jacques Ellul émet des doutes sur notre vrai rapport à la liberté, qui pourrait expliquer notre soumission aux événements qui s'annoncent. Il dit qu'en définitive « cet homme qui se prétend "moderne" ne fait rien d'autre que mythifier la science, sacraliser la technique et l'État et élever la politique au rang de "religion séculière[1]" ». Il associe cela au fait que « l'homme n'est pas du tout passionné par la liberté, comme il le prétend. La liberté n'est pas chez lui un besoin inhérent. Beaucoup plus constants et profonds sont ses besoins de sécurité, de conformité, d'adaptation, de bonheur, d'économie d'efforts [...] et il est prêt à sacrifier sa liberté pour satisfaire ces besoins. Certes, il ne peut pas supporter une oppression directe, mais qu'est-ce que cela signifie ? Qu'être gouverné de façon autoritaire lui est intolérable non pas parce qu'il est un homme libre, mais parce qu'il désire commander et exercer son autorité sur autrui. L'homme a bien plus peur de la liberté authentique qu'il ne la désire. »

Nous assistons actuellement à une mainmise de l'État sur notre organisation sociale et donc sur nos libertés. Comme le décrit parfaitement Gaspard Kœnig[2] : « Il ne s'agit pas de comparer la France à une quelconque dictature, mais de comprendre quelles formes nouvelles pourraient revêtir le despotisme démocratique redouté il y a près de deux

1. Expression qu'il emprunte à Raymond Aron.
2. Gaspard Kœnig, *op. cit.*

siècles par Alexis de Tocqueville. » Nous « naviguons dans un dédale d'aides et d'obligations où l'État s'impose comme médiateur de toute relation », et l'auteur confirme cette impression en citant, chiffres à l'appui, le net recul de nos libertés politiques, économiques et civiles par rapport aux autres États. Benjamin Franklin affirmait que « ceux qui renoncent à une liberté essentielle pour obtenir une sécurité temporaire ne méritent ni la liberté ni la sécurité ». Après nos libertés, c'est en effet notre sécurité qui est mise en danger.

## Danger pour notre sécurité

À plus ou moins long terme, les risques technologiques et industriels sont évidents, même avec toutes les mesures prises pour un développement sécurisé des NBIC. Les recherches partent en principe « d'un bon sentiment » et aboutissent à un bien général. Mais il ne faut jamais négliger la face obscure, détournée, malveillante que certaines intelligences pourraient leur donner. Les exemples dans l'histoire sont nombreux. Les vraies questions restent comment encadrer les risques, par qui, et comment éviter les dérives possibles. Prenons l'exemple des virus : si la création de nouvelles maladies en laboratoire est toujours possible, les plus grands dangers économiques ou politiques viendront de leurs utilisations détournées. Mais, en plus des virus fabriqués dans nos éprouvettes de laboratoire, l'informatique a, elle aussi, créé ses virus, et ceux-là risquent d'être aussi violents, voire encore plus virulents que ceux de nos tubes à essai. Nous aurons bientôt des nanorobots dans le corps, mais sommes-nous certains que la sécurité informatique sera bien assurée (cf. la série *Homeland*, et le contrôle des stimulateurs cardiaques) ? Scénario encore plus catastrophique : la perte de contrôle des machines autoréplicantes pourrait, elle aussi, « entraîner le scénario du *grey goo* (« gelée grise »), c'est-à-dire la destruction totale en à peine quelques jours de la biomasse sur la planète Terre ». Personne ne veut d'une destruction de la planète ou d'un « coup d'État numérique[1] »... Espérons-le, mais les risques sont bien réels.

## Danger pour notre démocratie

Nous pouvons aussi craindre pour notre démocratie, telle qu'elle s'est constituée à ce jour. François Mitterrand affirmait que « le pouvoir ne se partage pas » et c'est exactement dans cette optique que les philosophes de l'intelligence artificielle (IA) pensent. Pour eux, « il ne peut y avoir qu'une seule espèce dominante dans une région donnée de l'univers : c'est la théorie anglo-saxonne du *singleton*[2] ». Nick Bostrom la définit comme « un ordre mondial dans lequel il y a une agence de décision unique au plus haut niveau, qui peut prévenir toute menace (interne ou externe), qui a sa propre existence et exerce un contrôle efficace sur les principales caractéristiques de son domaine[3] ». Mais qui dirigerait cet ordre mondial ? L'homme, la machine, un hybride ? Et si nos machines se mettaient en tête de prendre le pouvoir au nom de leurs incroyables pouvoirs ?

1. Laurent Alexandre, *op. cit.*
2. *Idem.*
3. Nick Bostrom, « What is a Singleton », in *Linguistic and philosophical Investigation*, 2006.

Après avoir pris le pouvoir de nos industries, c'est celui des affaires du monde que nos robots vont investiguer. Google, qui ne se présente pas sous une forme anthropomorphique, n'est-il pas une intelligence artificielle au pouvoir dématérialisé, universel, difficilement identifiable, et surtout croissant jour après jour[1] ? Alphabet n'est-elle pas l'embryon de ce pouvoir futuriste ? Ne crée-t-elle pas ce « septième continent » décrit par Charles-Édouard Bouée[2], celui du *cloud*, du virtuel, sans limites géographique ou physique, celui de la circulation libre des données (qui actuellement échappent complètement au contrôle des États) ?

Ce mode de gouvernance immanent est le rêve de certains libertariens américains qui veulent construire des cités sans État (ou doté d'un État minimum)[3]. Mais attention, ces candidats à la liberté suprême réalisent-ils qu'ils risquent d'être soumis aux pires servitudes, non par cruauté volontaire, mais dans le souci d'éviter tout pouvoir ou dictature proéminents ? « Le paradis de la liberté sera[it] l'enfer des individus », prédit Gaspard Kœnig, si une telle structure devait voir le jour. En effet, l'autonomie et nos libertés sont actuellement principalement liées à un pouvoir qui se doit de nous les garantir, donc renoncer à un pouvoir central revient

1. Le *Cambridge Center for the Study of Existential Risk* identifie l'intelligence artificielle (IA) comme actuellement le seul vrai risque existentiel pesant sur l'humanité.
2. Charles-Édouard Bouée (en collaboration avec François Roche), *Confucius et les Automates*, Grasset, 2014.
3. Peter Thiel, le fondateur de PayPal, investit dans le projet *Seasteading*, pour implanter une communauté en pleine mer.

à accepter l'emprise du collectif sur toute ambition ou initiative personnelle. Quel paradoxe pour ces dictateurs de la liberté !

Notre démocratie ébranlée, ce sont les inégalités sociales qui risquent ensuite de s'accroître. D'un côté, les « cerveaux technologiques », les « *geeks* milliardaires », de l'autre quelques « manuels » sur des marchés de niches et, entre les deux, une population majoritaire, peu cultivée, peu qualifiée, vacillant entre chômage et petits boulots, vivant au jour le jour dans une relative oisiveté entretenue par un accès facile aux loisirs, aux jeux et à la consommation de masse, et payée par la « classe dirigeante » avec un salaire universel (comme est en train de l'imaginer la Silicon Valley sous le nom d'*universal stipend*).

Il est grand temps de se poser la question de comment éviter ou comment contrôler ces risques. Laurent Alexandre espère que « se mettront en place des contre-pouvoirs constructifs, pacifiques et non nihilistes, car les plus grands dangers viendront des pays non démocratiques où ces contre-pouvoirs sont justement inexistants[1] ». Il a raison. Entre les peurs personnelles et les dangers réels, il sera nécessaire d'adopter une politique volontariste pour éviter les excès. D'un point de vue économique et politique, bannir les innovations technologiques fera le jeu de ceux qui les refusent, repoussant *ad vitam æternam* les possibilités de s'améliorer sous le prétexte de l'inégalité sociale. Le progrès technologique ne résoudra pas les vieux problèmes politiques comme le degré de

1. Laurent Alexandre, *op. cit.*

redistribution désirable, mais il peut accroître considérablement la quantité globale de ce qui est partagé. Dans une société riche de ses inégalités, trouver le chemin de l'équité sera une rude tâche. Comment savoir si les bienfaits apportés l'emporteront sur les inégalités qu'elles vont créer ?

Il appartient donc au politique d'agir pour résoudre les problèmes nouveaux, tendre vers un équilibre des chances où chacun aura le choix de se réaliser à sa guise, de s'améliorer ou non, et, en conséquence, de fournir les moyens adéquats. Car le choix sans les moyens n'est qu'une vaste hypocrisie. Un autre défi qu'auront à relever nos dirigeants est celui de la mise à disposition, pour tous et sur un plan mondial, de ces améliorations issues du progrès. Pour autant, tenter de bannir les innovations technologiques pour la seule raison de l'inégalité serait une mauvaise idée. Défendons plutôt un certain libéralisme ouvrant les marchés à tous et favorisons non pas « la lutte du fort contre le faible, mais l'inverse : la possibilité donnée au faible de venir défier le fort[1] ».



1. Gaspard Kœnig, *op. cit.*

Chapitre 2

# Transhumanisme et éthique

La « nouvelle génération d'universitaires bioéthiciens », selon l'expression de Carl Elliott[1], qui se situe entre transhumanistes extrémistes et bioconservateurs acharnés, rejette à la fois l'approche laxiste prônée par les premiers et la condamnation radicale souhaitée par les seconds[2]. Pour ces universitaires bioéthiciens, expliquent Nicolas Le Dévédec et Fany Guis[3], « l'opposition à l'augmentation des performances humaines est intenable et injustifiée » parce qu'elle renvoie à des réalités établies depuis longtemps (telle la prise de café ou de nicotine) et parce que ces performances se réfèrent à un ensemble de pratiques déjà existantes (la prise de boissons énergisantes et de compléments alimentaires, le dopage omniprésent dans le sport professionnel et sur les campus, la prise de bêtabloquants chez les musiciens et les conférenciers avant leurs prestations,

1. Carl Elliott, né en 1961, est professeur au Centre de bioéthique et des départements de pédiatrie et de philosophie à l'université du Minnesota (États-Unis).
2. Nicolas Le Dévédec & Fany Guis, « L'humain augmenté, un enjeu social », in *SociologieS*. http://sociologies.revues.org/4409
3. *Idem*.

*etc.*). Cependant, « si les technologies d'augmentation relèvent de la même logique que l'utilisation d'outils[1] », leur incorporation dans le corps humain soulève beaucoup plus de problèmes éthiques.

Partant du principe que ces améliorations sont souhaitables et bénéfiques, l'auteur précise plusieurs règles essentielles, qui doivent être respectées si nous voulons perdurer dans notre humanité : en premier lieu, respecter la liberté et l'autonomie de chacun ; en deuxième, maximiser les bénéfices et minimiser les risques en matière de santé et de sécurité ; en troisième, respecter la justice et favoriser l'équité. Toutefois, les progrès technologiques ne sont pas neutres et s'inscrivent dans un contexte culturel et social évolutif. L'humain augmenté nous questionne sur le modèle de la société dans laquelle nous vivons, et surtout sur celui où nous souhaiterions vivre « car si l'on se fie à l'idéal de la perfectibilité humaine hérité de l'humanisme des Lumières, l'émancipation de l'humain repose avant tout sur l'amélioration de ses conditions de vie sociale et politique[2] ».

Alors, si nos nouvelles valeurs sont de devenir immortels, de dépasser les limites de notre individualité, « d'être qui bon nous semble », de changer les règles de notre société, est-ce que les lois éthiques sauront gérer notre face à face avec l'« autre », qu'il soit l'homme transformé, la machine, un robot, un

1. *Idem.*
2. *Idem.*

androïde, un cyborg ? Parviendrons-nous à faire marcher de pair éthique et technologie ?

Pour l'instant, dans notre civilisation, tout humain est responsable de ses faits et gestes et doit tenir compte des conséquences de ses actes vis-à-vis de lui-même ou d'autrui. Que ce soit consciemment, par habitude ou involontairement, nos décisions sont guidées par une certaine éthique ou morale, qui nous pousse au « bon » choix. Nos valeurs, qui définissent nos comportements, sont de l'ordre de l'Être et du Bien, elles relèvent d'idéaux à poursuivre (autonomie, vie, santé, justice), de principes (qui donnent de grandes orientations à l'action, qui fixent des attitudes comme l'autodétermination, le respect de la vie ou le fait de rendre à chacun son dû), de normes et de règles (qui déterminent nos actions et encadrent nos décisions).

Indissociable de la science, l'impact des avancées technologiques pose aujourd'hui beaucoup de questions éthiques, sous l'angle de la responsabilité individuelle et sociale, pour la pérennité des générations futures. En 1932, Henri Bergson s'interrogeait déjà sur les conséquences de notre rapport à la Terre, sur l'usage de la puissance acquise que nous mettons chaque jour au service d'une perpétuelle augmentation. Nous assistons, impuissants, à l'intensification de cette puissance au service d'elle-même, sans qu'il y ait, pour autant, une réflexion globale sur son usage et ses conséquences. Nous sommes-nous questionnés sur le sens à lui donner ou sur le fait de savoir si notre vie restera « bonne » ?

## La vie « bonne » et le vivre « bien » avec les « autres »

Chaque société, suivant les époques, obéit à un ensemble de normes particulières et possède sa propre vision de ce qu'est une vie « bonne » : dans l'Antiquité, c'était participer en tant que citoyen à la vie de la cité et, éventuellement, mourir pour elle. Au Moyen Âge, on se préoccupait du salut de son âme en bon chrétien. Désormais, le don de soi au nom de valeurs ne fait plus guère recette ! On lui préfère la prudence, l'égalité, la tolérance, les compromis, plutôt que le martyre. Le citoyen ne vit plus pour quelqu'un ou quelque chose, mais pour lui-même, avec, comme valeur primordiale, la protection de la vie et son corollaire : la santé du corps avant tout. Et, comme le remarque Laurent Alexandre, « cela se traduit concrètement par un dogme selon lequel il est important de vivre plus longtemps sans que la question du sens de la vie soit posée[1] », à condition que durée et qualité de vie aillent de pair !

Bien que la science et la technologie constituent la base d'une grande partie de la vision du monde transhumaniste, les sympathisants reconnaissent que leur puissance a des failles, des imperfections, et qu'en conséquence, une pensée éthique critique est essentielle pour guider leur conduite et répondre à la question de savoir « si elles mènent vers une extension de nos valeurs ou vers l'annonce de leur disparition » ?

1. Laurent Alexandre, *op. cit.*

Avec l'arrivée des transhumains et l'amorce d'un posthumanisme, d'après Jean-Michel Besnier[1], on doit admettre que l'éthique va peut-être devoir déborder l'espace humain et concerner une humanité élargie. La technologie impose aux préjugés humanistes un défi qui est celui de ne plus limiter les valeurs morales aux seuls humains. Il n'est pour le moment question que d'augmenter les facultés humaines, mais la supériorité prévisible des machines pousse certains à vouloir en finir avec une conception fermée de l'homme, à laquelle on se devait d'être conforme pour satisfaire à « la » morale établie par nos pairs.

Toujours selon Jean-Michel Besnier, on préfère de nos jours l'éthique, qui fonde le bien-vivre de l'homme et qui pose les bases d'une relation pacifiée avec lui-même et avec le non-humain, qu'il s'agisse d'animaux ou de machines. Même si nous avons encore peur de ce que nous avons généré : le différent, la technique, la puissance des machines, le « bien-vivre » des hommes passera par une pacification avec le non-humain. Il faudra se poser la question du partage de nos valeurs avec les « autres », et si l'on doit les considérer, non plus comme des moyens, mais comme des « êtres » à part entière que nous devons respecter dans leur autonomie et avec lesquels nous devons vivre « bien ». Mais attention alors aux relations faussées qui s'établiront entre les hommes eux-mêmes, car, si l'utilisation répétée des nouvelles technologies a considérablement amoindri notre seuil de patience, qu'en sera-t-il du degré

1. Jean-Michel Besnier, *Demain les posthumains*, *op. cit.*

de tolérance vis-à-vis d'un humain qui nous contredira alors que notre cher robot compatira ?

À la lecture du manifeste transhumaniste, on se rend compte que ses promoteurs sont en tous points motivés par un puissant espoir de « vivre mieux ». Jean-Paul Dessertine explique parfaitement bien que selon eux, « ce vivre mieux est strictement hédoniste puisque la puissance techniquement acquise devrait permettre la maximisation du bien-être de tous ceux qui éprouvent des sentiments, qu'ils proviennent d'un cerveau animal, humain, posthumain ou artificiel ». Ce qu'il faut lire entre les lignes, c'est la perspective que la technique aille supprimer les limites du « mal vivre » liées à la nature de l'homme telle que nous la connaissons aujourd'hui. D'abord celles qui sont imposées par le corps comme la maladie, la douleur, le vieillissement, la mort, puis celles qui sont déterminées par l'esprit (au sens large) comme les quêtes de sens, la connaissance, la beauté, la justice, la liberté, *etc.* Si les limites de la première catégorie peuvent être facilement réparées, améliorées, les limites de la deuxième sont en revanche beaucoup moins bien définies, et donc beaucoup plus difficiles à modifier. Même si Martine Rothblatt[1] affirme qu'« après notre mort, nous vivrons sous la forme d'êtres digitaux [...] notre corps disparaîtra, mais notre personnalité pourra être conservée sous forme digitale », le chemin est encore long pour y arriver !

1. Martine Rothblatt, née Martin Rothblatt en 1954 à Chicago, est l'ancien PDG de *United Therapeutics*, elle est une figure de proue du transhumanisme. En 2004, elle a lancé un mouvement transhumaniste appelé *Terasem*.

L'arrivée des nouvelles technologies développées par les transhumanistes remet en jeu le fondement même du sens moral humain. Les valeurs fondamentales de l'humanisme sont remises en question : l'interrogation kantienne « Qu'est-ce que l'homme ? » serait-elle à remplacer par la question inhérente aux progrès scientifiques : quel type d'homme allons-nous construire dans ce nouveau monde ? Et quelles seront les valeurs de la posthumanité ?

Les ordinateurs et leurs applications, la robotique omniprésente, du téléphone portable à l'aspirateur en passant par les jeux vidéo, tous ces objets issus de la technique font désormais partie des conditions de notre « bien vivre » au quotidien. Sur le plan médical, où les prouesses technologiques sont en pleine expansion, le jour où l'on offrira aux parents le choix d'un enfant à la carte n'est peut-être pas si loin : avec le diagnostic prénatal on éliminait le pire, mais désormais, avec le diagnostic préimplantatoire, on sélectionne les meilleurs ! « Et il y a fort à parier que supprimer des embryons en éprouvette sera moralement moins dérangeant que d'éliminer un fœtus dans le ventre de la mère.[1] » « Les comportements de l'être humain ne sont pas influencés seulement par des principes moraux généraux, mais par des circonstances contingentes qu'il faut savoir explorer par des méthodes empiriques.[2] »

Alors, est-ce la fin de la morale ? Non, selon Jean-Michel Besnier, car « si la situation créée par la

1. Laurent Alexandre, *Le Monde, science et techno*, avril 2012.
2. Alberto Bondolfi, théologien catholique à l'université de Trento (Italie), réunion ATM 2014, à Strasbourg.

technique bouscule l'ordre du permis et du défendu qui en est le fondement, elle n'invalide pas pour autant la recherche du bien-vivre individuel et collectif que les Grecs nommaient "éthique". On rencontre de fait un nombre croissant d'ingénieurs ou de techniciens soucieux de contribuer à un monde désirable et de soutenir le caractère humaniste de leur activité[1]. »

## Pour une nouvelle éthique

L'ironie de la modernité issue du siècle des Lumières et de son culte des savoirs est que ce qui fut présenté comme le moyen de l'autonomie de l'homme apparaît désormais comme une puissance autonome qui dicte ses règles. Nous sommes devenus assujettis aux contraintes imposées par nos techniques. « Un jour les robots pourront nous duper[2] » en nous faisant croire qu'ils sont humains. C'est en tout cas la conviction d'Hiroshi Ishiguro[3] qui travaille sur la communication avec des robots androïdes ; la génération des *repliee* qu'il a mis au point est sur ce point tout à fait édifiante. « Plus le robot ressemblera à l'homme, plus il donnera à comprendre ce qui fait l'essentiel des relations entre les humains », affirme-t-il. « C'est la communication intersubjective (celle qui met en contact l'homme et la femme) qui est

1. Jean-Michel Besnier, *op. cit.*
2. *Idem.*
3. Hiroshi Ishiguro est un roboticien japonais, directeur de l'Intelligent Robotics Laboratory à l'université d'Osaka (Japon). Ishiguro a fabriqué un androïde qui lui ressemble, appelé *Geminoïd*, soit le « gémeau-droïde ».

l'enjeu de la mise en contact entre l'homme et la machine[1] », dixit Jean-Michel Besnier. Les émotions typiques de l'espèce humaine (rire, pleurer, créer, ressentir la douleur, du plaisir...) sont plus importantes pour le sens que nous avons de notre propre humanité que notre raison ou notre apparence physique. « Notre capacité à faire l'expérience de ces émotions est ce qui nous rattache potentiellement à tous les autres êtres humains. Les humanistes bioconservateurs refusent de les modifier ; ce que veulent les transhumanistes c'est les transmettre au posthumain, car nos valeurs humaines se retrouvent justement dans la palette de nos émotions[2]. » Jean-Michel Besnier alerte sur le fait que parvenir à simuler techniquement les comportements humains nous expose aux mêmes problèmes éthiques qu'envers l'animal. Si bien que dès qu'on se laissera tromper par les émotions de nos robots[3], ils deviendront membres à part entière de l'humanité. Qu'ils nous ressemblent ne devrait alors plus nous effrayer.

Comme le conseille Peter Sloterdijk : « Plutôt que de nous crisper sur les positions morales qui garantissent la sécurité du monde d'hier, nous devons faire face et mobiliser les ressources de l'imaginaire. » En d'autres termes, ne nous accrochons pas

1. Facebook emmagasine déjà toutes nos données personnelles (celles que nous mettons en ligne) mais ne peut pas encore donner le « moi » de chacun. Nous ne savons pas encore modéliser la façon dont on pense ou agit, mais nous commençons à pouvoir anticiper des comportements.
2. Francis Fukuyama, *La Fin de l'homme*, La Table Ronde, 2002.
3. La complexité de notre système émotionnel est telle que nous sommes loin d'y arriver. Sans compter sur le fait que plus un droïde nous ressemble, plus ses imperfections nous apparaissent.

tant à ce que nous connaissons, qui nous rassure certes, mais qui nous empêche d'avancer, d'évoluer avec notre temps. Nous ne pouvons pas stopper le futur, alors efforçons-nous d'en suivre les méandres sans *a priori*, laissons-le briser nos convictions, imaginons, adaptons, avançons avec de nouvelles formes de pensées, de nouvelles règles, de nouvelles éthiques. C'est déjà le cas dans certains domaines, comme en médecine par exemple, où il n'est pas rare de voir évoluer « la normalité » ou le caractère « pathologique » de certaines maladies[1]. Prenons le cas de la pression artérielle et le taux de cholestérol : en fait, il n'existe pas de « vrais » critères objectifs pour définir leurs normes à 100 %. Raison pour laquelle, des gens sains du XVI^e^ siècle seraient peut être considérés en 2015 comme très malades !

Quand de nouvelles technologies sont employées en médecine conventionnelle, les questions concernant leur finalité sont faciles à définir : il s'agit de guérir un malade. Mais quand ces mêmes technologies permettent d'aller au-delà des buts traditionnels (restaurer la santé), nous sommes en terrain inconnu. Tellement habitués à dire que c'est licite de guérir, nous traitons d'illicite tout ce qui n'entre pas dans ce discours ! Mais c'est en fait à ce moment-là que commence la discussion sur le but à atteindre et que se posent les vraies questions éthiques. Force est de constater que, de temps en temps, nous manquons

1. Normalités et pathologies sont le résultat de conventions établies par la communauté scientifique qui les détermine en tenant compte des effets personnels et sociétaux des anormalités concernées, en fonction des moyens et données de l'époque concernée.

de cohérence par rapport à nos engagements en faveur du progrès. Prenons l'exemple d'un couple qui conçoit un premier enfant atteint de mucoviscidose : si un deuxième enfant est souhaité, on lui propose un diagnostic prénatal. Pourquoi considère-t-on en France qu'il est éthique de proposer un test pour éviter un second enfant atteint de mucoviscidose, tandis que le dépistage général qui permettrait de prévenir cette anomalie dès le premier enfant est considéré comme inacceptable ?

« Le propre des valeurs est certes de résister au réel et de prétendre l'infléchir dans le sens du désirable [...] mais il faut se méfier d'un attachement à des valeurs prétendument éternelles. L'évolution imprévisible des technologies menace de faire advenir une réalité parfaitement inédite qui interdira de se réfugier dans l'abstraction souvent induite par une vision morale du monde », considère Jean-Michel Besnier[1]. Il se peut, comme Nietzsche le prédisait, que nous soyons destinés à dépasser notre sens moral et, s'il doit en être ainsi, il faut accepter cet abandon des critères du faux et du vrai, et reconnaître que cela pourrait nous conduire en *terra incognita*. Les barrières entre le monde céleste et la Terre n'ont-elles pas été abolies par Galilée, celles entre l'homme et l'animal par Darwin, celles du conscient rationnel et de l'inconscient irrationnel par Freud ? Peter Sloterdijk invoque la perspective d'un posthumanisme capable de livrer une nouvelle échelle des valeurs.



1. Jean-Michel Besnier, *op. cit.*

Une morale est-elle encore possible dans ce monde en pleine évolution, en pleine mutation, tandis que sa pérennité supposerait un monde stable avec des repères définis[1] ?

La réponse demande qu'on tienne compte des faits : d'une part des avancées scientifiques, technologiques, mais aussi de l'évolution psychologique de l'homme moderne. La question de savoir où commence et où s'achève l'humanité s'est complexifiée. Sur le plan génétique, avec l'arrivée des manipulations de tous ordres (cellules souches, nanotechnologies...), sur le plan cognitif ensuite. Jean-Michel Besnier fait remarquer qu'aujourd'hui le « moi » n'est pas donné à l'humanité seule comme un attribut spécifique, que le « soi » se construit (comme l'a montré Paul Ricœur[2]) et qu'une activité cognitive existe chez les animaux (peut-être même chez les plantes). Les sciences cognitives[3], qui ont vivement bousculé les privilèges de l'homme hérités du cogito

1. Pour Peter Sloterdijk, c'est le remplacement de discontinuités métaphysiques par des continuités postmétaphysiques. Et ce terrain-là n'est pas favorable du tout à la morale qui, pour Jean-Michel Besnier, a besoin d'un monde stable, de repères bien définis.
2. Paul Ricœur (1913-2005) se situe à la croisée de trois grandes traditions philosophiques : l'existentialisme, la phénoménologie et la philosophie analytique.
3. Les sciences cognitives sont nées dans les années 1950. Elles reposent sur l'étude et la modélisation de phénomènes aussi divers que la perception, l'intelligence, le langage, le calcul, le raisonnement ou même la conscience et utilisent conjointement des données issues d'une multitude de branches de la science et de l'ingénierie, comme la linguistique, l'anthropologie, la psychologie, les neurosciences, la philosophie, l'intelligence artificielle.

cartésien, associées à la pensée transhumaniste, nous entraînent vers un nouveau mode de pensée, vers une éthique moins abstraite et moins unilatérale que la morale qui cherchait à tenir compte des circonstances, des éléments composant l'existentiel des hommes et qui privilégiait sa toute-puissance face à son environnement.

Le futur bien-vivre des hommes semble inévitablement passer par sa « pacification avec le non-humain, qu'il s'agisse des animaux, des machines ou de tous les artefacts autour desquels nous organisons nos relations avec les autres[1] », tout comme nos ancêtres l'avaient fait avec leurs dieux. Certains penseurs partent même de cette complexité acceptée pour envisager le posthumanisme comme une nouvelle relation au monde. Des enthousiastes, comme Ray Kurzweil, annoncent que nous sommes au bord d'une révolution à côté de laquelle l'apparition de la civilisation à Sumer fait figure de fait divers. Des plus pessimistes, comme Francis Fukuyama, considèrent le transhumanisme comme « l'idée la plus dangereuse du monde » car « si l'on commence à altérer la nature humaine, il n'existe plus de projet universel, donc plus de fin de l'histoire à atteindre, et surtout plus d'éthique universelle ».

## Le cas de la France

En France, où le mouvement transhumaniste par rapport aux États-Unis est très marginal, le tournant biotechnologique n'a pas encore été pris. Nous

1. Jean-Michel Besnier, *op. cit.*

sommes en retard, et cela ne va pas aller en s'améliorant. On peut même dire qu'actuellement notre organisation politique sociétale fait barrage à son développement. D'abord parce que notre système protège l'homme sous sa forme actuelle, et que l'État agit au plus proche des individus. On place l'égalité sociale avant la liberté individuelle. Notre concept de liberté se réalise à travers une égalité entre les individus et non pas individuellement. Ensuite, parce que nos valeurs ancestrales, celles en particulier héritées du siècle des Lumières, sont toujours en vigueur et exigent la non-instrumentalisation de l'homme, imposant comme principe majeur la dignité humaine.

La notion de dignité humaine, de solidarité et le principe de précaution sont depuis inscrits dans tous nos grands textes juridiques et s'érigent comme freins majeurs au développement du mouvement transhumaniste.

Le principe de précaution a été formulé pour la première fois en 1992 dans le principe 15 de la Déclaration de Rio (dans un sens autre que scientifique). Il est introduit en France par la loi Barnier en 1995 qui ajoute les notions de réaction « proportionnée » et de « coût économiquement acceptable ». La « précaution » vise les risques dont ni l'ampleur ni la probabilité d'occurrence ne peuvent être calculées avec certitude, compte tenu des connaissances du moment. Ce principe s'applique par exemple aux organismes génétiquement modifiés, aux ondes émises par nos téléphones portables, à la robotique, au génie génétique et aux nanotechnologies. Le respect de la dignité humaine avec la loi de bioéthique de juillet 1994 introduit la notion de crime contre l'espèce humaine, et depuis la révision de ces textes en 2004, il est clairement énoncé l'interdiction d'eugénisme, de clonage humain et de toutes méthodes pouvant modifier les caractères génétiques d'un individu dans le but de modifier sa descendance.

Selon le droit en vigueur, transformer l'espèce humaine est donc illégal en France.

C'est pourquoi, lorsqu'on parle de pouvoir modifier à titre individuel le génome (ce qui à coup sûr aura des conséquences sur notre descendance et sur l'espèce humaine à long terme), la France s'y oppose radicalement, et repousse, du moins sur ce point, le projet transhumaniste.

Mais ce n'est déjà plus dans un environnement « naturel » que se produit la sélection. On est en fusion perpétuelle entre le naturel et l'artificiel : calotte crânienne refaite grâce à une copie 3D annoncée en mars 2014, un sternum en 2015, une levure active avec dans son génome un chromosome créé artificiellement annoncé le 3 avril 2014, *etc.* « Il ne s'agit donc plus de savoir si on est pour ou contre la modification de nos caractéristiques, la question est de savoir s'il y a des limites à fixer, et surtout, qui les fixe », comme le souligne très justement Laurent Alexandre.

Toutes les technologies étant neutres par essence, c'est ce que nous en faisons qui les rend néfastes. Elles ont permis à l'homme de faire de grands bonds dans l'histoire, et toutes les fois où elles n'ont pas été soumises à une conscience, à une éthique solide et humaine, elles ont été des outils destructeurs très puissants.

En France, nous avons pour l'instant une bioéthique restrictive par respect de la dignité humaine et par crainte de voir de nouvelles formes d'eugénisme. Mais combien de temps nos paravents culturels résisteront-ils face à la poussée transhumaniste d'outre-Atlantique ? Les utopies transhumanistes, qui au fur et à mesure deviennent réalité, séduisent de plus en plus, et elles deviendront obligatoires dans un avenir où domineront la machine et la technique. En médecine, nous avons encore quelques garde-fous comme le guide de l'éthique médicale, celui de la déontologie médicale et désormais les lois de bioéthique. Pour la première fois, le Comité consultatif national d'éthique (CCNE) s'est penché sur le « problème transhumaniste » et son dernier avis du 12 décembre 2013 (avis 122) conclut : « Une veille éthique est indispensable puisque nous ignorons à moyen et long terme, tant au niveau individuel que social, les effets du développement des nanotechnologies. » On peut espérer lire là les prémices d'une volonté de réflexion globale, à défaut d'une ouverture latente.

Chapitre 3

# Transhumanisme et société

Nous avons déjà évoqué dans les chapitres précédents plusieurs aspects sociétaux qui seraient mis en danger ou transformés par l'avènement du transhumanisme. Deux d'entre eux méritent qu'on s'y attarde : la vie dans le virtuel, et les conséquences du vivre « trop », trop longtemps.

La main comme la bouche ont changé de fonction avec l'évolution de l'homme : la main ne marche plus mais caresse, la bouche n'appréhende plus mais a inventé la parole. Plus tard, Platon et Socrate diront à propos de l'écriture qu'elle était indispensable parce que notre mémoire n'était pas suffisante. En inventant l'écriture, on a donc perdu une forme de mémoire, mais en même temps, grâce à cet allègement du processus mnémonique[1], des découvertes colossales ont surgi : la géométrie, la physique, les mathématiques. Ainsi, dans le sillage de notre évolution, il n'est pas du tout aberrant de penser externaliser des fonctions cognitives. L'ordinateur nous y

1. La modification mnésique est une perspective ouverte par les NBIC. Les médecins militaires travaillent déjà beaucoup sur les techniques permettant d'effacer les souvenirs de guerre. Il n'y aurait alors qu'un pas pour parvenir à effacer les souvenirs d'un enfant violé par exemple et à terme pourquoi pas imaginer une falsification de l'histoire si plus personne ne se souvient !

aidera, devenant même une nouvelle source de créativité[1]. Avec Google, on va encore plus loin : vers une forme de « délocalisation cérébrale » de l'homme qui transfère progressivement son savoir à des machines aux capacités « cérébrales » exponentielles. Alors, si le seul acte intellectuel authentique restant à l'homme est l'invention, quel domaine à explorer lui reste-t-il ? Le virtuel ?

## Vivre dans le virtuel

Les technologies de l'information et de la communication ont aboli les frontières, elles ont démultiplié les possibilités créatrices de nos esprits, et elles envahissent notre espace en le « virtualisant[2] ». L'extension d'Internet a bouleversé non seulement l'organisation de nos échanges à l'échelle du monde, mais aussi nos façons de penser et de nous comporter les uns par rapport aux autres. « Nous avons modifié si profondément notre environnement, écrit Norbert Wiener, que nous devons nous modifier nous-mêmes. »

Pour Michel Serres, « le virtuel est l'essence même de l'être humain : les animaux ne sont pas virtuels, alors que l'homme est un être de fiction[3/4] ». Aussi

1. Michel Serres, revue *L'Éléphant* n° 3, 2013.
2. Jean-Michel Besnier, *op. cit.*
3. Michel Serres, *op. cit.*
4. David Hume disait dans son *Traité de la nature humaine* : « L'esprit est une sorte de théâtre où diverses perceptions font successivement leur apparition ; elles passent et repassent, glissent sans arrêt et se mêlent en une infinie variété de conditions et situations. »

l'affirme-t-il à nouveau dans la revue *L'Éléphant* : « Le corps n'est pas, il peut, il peut tout[1]. » Les posthumains pensent que les sciences permettront de dépasser ce que les hommes ont figé en réalités intangibles. Cela serait un humain dépourvu de sa réalité, grâce à l'incroyable fusion de son organisme avec sa création, la machine.

Mais quelques philosophes comme Jean-Michel Besnier pensent que ces utopies ne servent qu'à effacer une certaine « fatigue de soi »[2], une lassitude de sa vie et des réalités. L'informatique s'attelle à dissoudre les réalités, notre quotidien n'étant pas toujours réjouissant. On pensait s'épanouir autour du travail, ce n'est pas le cas ; hommes et femmes sont incapables de vivre en couple, un parti politique ne dure pas plus qu'un feu de paille, personne n'est solidaire, ni fidèle à personne, on meurt de faim pendant que d'autres font un régime, *etc.* Alors évidemment, « nous préférons le virtuel immanent qui, même s'il tue, évite de le faire en vrai[3] » ! Cette impossibilité à se supporter, à vivre avec soi-même, à s'aimer nous pousse irrémédiablement vers l'extérieur, vers nos ordinateurs, vers le virtuel.

Nous sommes en pleine perdition de notre moi et, par conséquent, incapables d'atteindre notre soi. Les identités des nouveaux internautes se trouvent réduites à l'étrange vertu de leur appareil cognitif,

1. Revue *L'Éléphant* n° 3, *ibid.*
2. Jean-Michel Besnier, *op. cit.*
3. Michel Serres, *Petite Poucette*, *op. cit.*

celle de pouvoir s'inventer quelque chose. Nous nous réidentifions virtuellement[1], un certain « dégoût » de soi pousse à se recréer, sachant pertinemment que, lorsque quelque chose est sorti de notre corps, il ne fait plus partie de nous et devient même la chose à rejeter[2]. Peut-on alors raisonnablement penser que nous serons capables de nous détacher des personnages virtuels que nous nous sommes inventés, alors même qu'ils nous procurent tant de bonheur ? N'allons-nous pas nous abandonner nous-mêmes au profit de nos avatars ?

Le soi, dont nous nous prévalons en tant que sujet de nos actions, admet une part de contingence : il est le produit de l'histoire que nous nous racontons et de la mémoire de ce que nous avons été, comme l'explique Paul Ricœur. Suivant ces théories, si nos identités deviennent de l'ordre de la fiction, et non plus des attributs spécifiques, avec l'extraversion, le virtuel, on se crée un autre soi. Même si le philosophe slovène Slavoj Zizek « conteste cet enthousiasme en comparant ironiquement la "cyberidentité" au café décaféiné, c'est-à-dire privé de sa substance »,

1. Il existe des sites internet où vous pouvez vous créer un personnage, discuter, jouer, vivre auprès d'autres créatures d'internautes dans un monde complètement imaginaire. Vous vivez alors sous une seconde identité au travers de votre avatar, comme dans le film du même nom.
2. Le philosophe Daniel Clement Dennett recourt à l'expérience de la salive pour démontrer l'expérience du dégoût. Tous les organismes créent une frontière entre eux et le reste du monde ; il existe chez tout vivant un moi biologique résultant de cette propension élémentaire à distinguer le moi de l'autre.

regardez bien vos enfants jouer avec leurs jeux vidéo, ou échanger sur Internet ; ce sont les candidats quotidiens idéaux à toutes ces transformations.

La société qui s'ouvre à nous, avec la culture Internet dans laquelle nous baignons, apporte tous les possibles : émergence de nouvelles religions, fragmentation des croyances, transformations biologique et électronique du cerveau, réalité virtuelle, fabrication de nouvelles identités, manipulation des images et des souvenirs, *etc.* Mais cette nouvelle société va aussi vers une fusion de l'humanité. « Dépasser l'humanité signifie nous intégrer à l'intérieur du réseau, ne plus nous limiter à la seule communication Internet *via* un clavier, mais devenir partie intégrante du réseau en devenant partie du monde machine », nous dit David Dalrymple (Arte, 2012). Les internautes grâce à l'écrasement de l'espace et du temps n'éprouvent-ils pas leur solidarité à l'échelle planétaire, « en réalisant une proximité qui rend pensable la fusion universelle », demande Jean-Michel Besnier ? Les Japonais ont répondu les premiers. Ils viennent d'ouvrir à Tokyo le « Robot Restaurant », où le spectacle est fait autant par des robots que par des hommes !

Ce qui bouleverse notre société actuelle est non plus l'évolution des rapports entre individus, mais ceux que progressivement nous entretenons avec nos machines. Nous passons du rapport intime de personne à personne à celui d'individu à technologie. La société transhumaniste nous prépare-t-elle à l'abolition des frontières culturelles et sociales ?

## VIVRE « TROP », TROP LONGTEMPS

Si nous réussissons en un siècle à tuer la mort, créer la vie en éprouvette, organiser notre cohabitation avec l'IA et piloter notre cerveau, l'être humain deviendra fou car « l'absence de contraintes est source de dépression, de désarroi[1] », et Jacques Lacan lors d'une conférence à Louvain en 1972 affirmait que la mort nous aide à vivre. « Il est donc fort à parier que l'idéologie NBIC, qui magnifie nos fantasmes de toute-puissance sur la nature et sur nous-mêmes, est porteuse de bien des pathologies psychiatriques[2] ! »

Savoir que nous allons mourir ne nous aide-t-il pas à vivre ? La vie ne deviendrait-elle pas terrifiante sans espoir de fin ?

« Vouloir vivre longtemps est lié aujourd'hui à un désir de persistance. Or l'inéluctable transformation de soi que la vie longue implique est l'inverse de la persistance[3]. » D'une part, notre identité future, au bout d'une période infinie, modelée par les aléas de la vie, finira par être déconnectée de son identité première, et nous deviendrons forcément une autre personne, quelqu'un d'« autre ». Qui peut prétendre objectivement de nos jours ne pas avoir « changé » au cours de sa vie ? Alors au bout de 400 ans, imaginez ! D'autre part, le refus de mourir ne signifiera-t-il pas le refus d'enfanter ? Nos rapports à la procréation n'en seront-ils pas bouleversés de façon encore plus radicale ? Dans ce nouveau monde, la

1. Laurent Alexandre, *op. cit.*
2. *Idem.*
3. *Idem.*

naissance d'un enfant pourrait perdre de son « utilité » en tant que prolongement de soi, comme le souligne Laurent Alexandre (car de quel soi parlerait-on ? De celui de nos 100 ans, de nos 200 ans ?...) ou de l'espèce. Aubrey de Grey (leader de la médecine anti-âge) prédit même que la majorité des gens préféreront l'immortalité à avoir des enfants.

Si nous vivons plus longtemps, la société sera-t-elle en mesure de nous garantir les mêmes droits ? Et surtout serons-nous en mesure d'assumer financièrement notre si longue vie ?

Il est encore trop tôt pour répondre à ces nombreuses interrogations. En revanche, il est certain que les utopies transhumanistes séduisent de plus en plus et que nous devons nous préparer à un avenir où la machine et la technique seront forcément dominantes. Créant de nouveaux besoins, il faudra aussi qu'elles satisfassent la garantie du vivre bien et du vivre mieux, parallèlement à l'allongement de la vie, proportionnellement aux transformations annoncées, et en complète concordance avec le vivre ensemble.

Nos nouvelles sociétés sauront-elles gérer l'allongement de la vie, la modification des schémas corporels, l'entrée dans le virtuel ? Chacun de nous aura des raisons différentes pour se transformer : beaucoup choisiront de s'augmenter pour des raisons médicales parce que leur corps ne sera plus à la hauteur, d'autres juste parce qu'ils y trouveront certains avantages, que c'est « trop cool », d'autres encore pour rester insérés dans la société, car il est évident qu'il sera très difficile à un cerveau humain « normal » de s'adapter en gardant son état biologique d'origine.

Il est clair que les partisans du transhumanisme pensent qu'il faut agir et non subir, devenir maître de son évolution, se libérer de sa condition humaine, repousser ses limites pour une vie « meilleure », repousser sa propre fin, changer sa mentalité, créer une nouvelle société. « Nous ne devrions pas nous demander à quoi ressemblera notre futur, mais plutôt comment nous pouvons le façonner », affirme James Martin[1]. Le transhumanisme ne se pose plus ces questions, il s'est donné comme objectif « de construire un futur ouvert à tous, d'atteindre de nouveaux buts, de créer de nouvelles valeurs et de nouveaux imaginaires ; de créer un futur dans lequel tout semble possible [...] et en particulier d'éviter la mort », nous dit le philosophe suisse Gabriel Dorthe[2].

Si les posthumains sont ceux qui bénéficieront de toutes les facilités et perspectives des sciences et technologies émergentes, ils sont peu nombreux pour le moment, juste quelques centaines de millions par rapport aux milliards d'humains. Il est sûr qu'une bonne partie de l'humanité restera égarée ou perdue en chemin. Soit parce que certains ne seront pas prêts à accepter de tels bouleversements, soit parce qu'ils disparaîtront, étant « moindres », ou tout simplement parce qu'ils refuseront d'adhérer à ce nouveau monde. La construction de nouveaux empires ne peut se faire en un jour, et s'accompagne toujours de pertes humaines et de repères sociétaux fondamentaux. La nouvelle société posthumaine qui se profile ne dérogera pas à cette constante. Peut-

1. James Martin, *The Meaning of the 21st Century*, Riverhead, 2006.
2. http://transhumanistes.com/global-future-2045-carnet-de-voyage

être même sera-t-elle plus meurtrière, vu la vitesse exponentielle d'édification de ses phases intermédiaires, avec comme maîtres mots « il faut s'adapter » pour justifier ces étapes de transition dévastatrices. Beaucoup n'y parviendront pas. Mais, alors que « les anciens » accepteront tout cela avec fatalisme, parce qu'ils savent qu'ils sont mortels, qu'en sera-t-il des « jeunes » qui naîtront avec des promesses d'éternité ?

## Les sociétés aux portes du futur

Aux États-Unis, des chercheurs tentent actuellement de convaincre la Food and Drug Administration que vieillir est une maladie. Mené par le docteur Nir Barzilai, le programme TAME[1] (*Targeting Aging with Metformin*, ciblage du vieillissement avec la metformine[2]) consiste à cibler directement le vieillissement et non plus les maladies qu'il finit par provoquer : il faut attaquer le mal à la racine afin de vivre en bonne santé plus longtemps. Stuart Jay Olshansky, un des membres du projet, affirme : « Quand nous réduisons le risque d'avoir une maladie du cœur, on vit assez longtemps pour avoir un

1. Le programme TAME, dont le budget s'élève à 50 millions de dollars, représente un marché potentiel de 7,3 milliards de Terriens.
2. La metformine est à l'origine une molécule couramment utilisée contre le diabète de type 2. Mais elle a également fait preuve d'autres propriétés étonnantes comme ralentir le vieillissement. La FDA (Agence américaine des produits alimentaires et médicamenteux) a autorisé en décembre 2015 à tester ce médicament sur 3 000 personnes âgées pendant cinq ans. C'est une première étape pour considérer le vieillissement comme une maladie.

cancer. Si nous réduisons le risque d'avoir un cancer, on vit assez longtemps pour avoir la maladie d'Alzheimer. Nous suggérons que le temps est venu, pour attaquer toutes ces maladies, de s'en prendre au processus biologique du vieillissement. »

La Chine[1], avec sa société Genomics Institute, a lancé un grand programme de séquençage de l'ADN des surdoués, l'objectif étant de déterminer les variants génétiques favorisant l'intelligence en comparant le génome des surdoués avec ceux d'individus au QI moyen.

Le Japon[2] a lancé sur le marché ses robots humanoïdes Nextage qui travaillent sur des chaînes de montage aux côtés d'employés. Ils équivalent à trois personnes en rentabilité. Les salariés de l'usine Glory[3] semblent satisfaits de leurs nouveaux compagnons qui vont jusqu'à réaliser en même temps qu'eux, chaque matin, les exercices physiques d'échauffement avant de débuter leur travail. Et les prochains JO de 2020 à Tokyo se préparent « robotiquement ». Dans le laboratoire du professeur Minoru Asada à l'université d'Osaka, on élabore un robot « fœtal » pour comprendre comment un fœtus de 35 semaines perçoit le monde : ce qu'il entend, ce qu'il ressent, comment il apprend.

Nous irons bientôt chercher les ressources de demain dans l'espace avec l'aide de nanosatellites pour

1. Laurent Alexandre, *Le Monde*, 9 mars 2013.
2. Michael Ignatevossian, *Paris Match*, 21-27 novembre 2013, p. 120.
3. Glory a acheté 13 robots estimés à 60 000 euros chacun.

exploiter les ressources des astéroïdes. Planetary Resources est une start-up financée par Google pour lancer dès 2020 des robots foreurs[1].

Dmitry Itskov lance le projet Avatar 2045 qui vise à créer une immortalité cybernétique à travers la création d'un avatar d'ici 2045. Lors de la conférence Global Future, il avait réaffirmé devant un parterre d'investisseurs que l'homme pourrait prochainement se résumer à un cerveau artificiel accompagné d'une enveloppe corporelle holographique. « L'immortalité est un effet secondaire, explique-t-il, c'est juste un moyen de transformer et d'améliorer la conscience humaine. » Et il conclut que « doté d'un corps artificiel, l'être humain n'impacterait plus autant sur son environnement. Débarrassés de notre corps, nous n'aurions plus besoin d'abris, de logement, plus besoin non plus de consommer les ressources comme nous le faisons actuellement. » Un nouveau plaidoyer écologique !

Le chercheur David Dalrymple construit actuellement une intelligence artificielle basée sur le cerveau des humains, pour capter toutes les expériences et les souvenirs d'un individu et les copier sur un support numérique. Travaillant sur le ver de terre *Caenorhabditis elegans*, il estime à trois ans environ le temps nécessaire pour copier son schéma mental sur ordinateur. Il modélisera ensuite le cerveau du poisson-zèbre, celui d'une mouche, d'une souris, d'un chat, d'un singe, pour en arriver à l'homme d'ici vingt à vingt-cinq ans. Ses travaux sur ce ver,

1. Michael Ignatevossian, *op. cit.*

en collaboration avec la société OpenWorm, sont très avancés. En supposant que le comportement simulé de ce ver de terre continue à s'accorder avec celui de l'animal réel, à quel moment peut-il être raisonnable de l'envisager comme un « simple » organisme vivant ? Sûrement très vite si, d'après la définition courante d'un organisme vivant, basée sur le comportemental[1], il reproduit ces mêmes comportements, combinés avec des réponses réalistes par rapport à son environnement.

Affymétrix[2] a déjà développé une puce ADN qui dépiste automatiquement dans un échantillon d'ADN les marqueurs du cancer et d'autres maladies.

La puissance de nos ordinateurs va atteindre l'exaflop (un milliard de milliards d'opérations/seconde), le zettaflop (mille milliards de milliards d'opérations/secondes) puis, à en donner le vertige à nos imaginations, le yottaflop (un million de milliards de milliards d'opérations/seconde) en quelques années ! Pour le moment, l'esprit humain mesure encore l'impact des changements que cette puissance entraîne, mais pour combien de temps ?

En 2013, Balaji S. Srinivasan, maître de conférences à l'université de Stanford, a demandé l'indépendance de la Silicon Valley en déclarant que « quand une entreprise se calcifiait, on ne la reformait pas,

1. C'est-à-dire extraire de l'énergie utilisable de son environnement, maintenir l'homéostasie, posséder une capacité à croître, répondre à des stimuli, se reproduire et, à travers la sélection naturelle, s'adapter à son environnement génération par génération.
2. Francis Fukuyama, *op. cit.*

on la quittait ». Selon lui, la seule façon pour la Silicon Valley de réaliser pleinement son potentiel serait de faire sécession. Larry Page, quelque temps plus tard, plaidait pour qu'« une partie du monde puisse être mise de côté » afin de s'affranchir des lois qui empêchent l'innovation et de tester des nouvelles technologies controversées ! Dans cette ligne de pensée, le libertarien Peter Thiel (cofondateur de PayPal) investit depuis plusieurs années dans un projet de ville flottante indépendante au large de la Californie.

Niel Harbisson, qui s'est fait implanter dans le cerveau un dispositif fixe lui permettant non pas de voir, mais d'entendre les couleurs, selon un processus de transformation des longueurs d'onde des couleurs en sons, est le premier homme à avoir sur son passeport la mention « cyborg ».

Un peu dans le même esprit, l'imprimante 3D révolutionne la chirurgie réparatrice, et la FDA va approuver des médicaments obtenus à partir d'elle.

Le groupe de cosmétique L'Oréal annonce un partenariat avec la société Organovo, une start-up spécialisée dans les technologies de bio-impression en 3D. Son objectif est d'accélérer la production d'échantillons de peau pour tester ses nouveaux produits d'ici cinq ans. L'Oréal devient le premier acteur du monde de la beauté à se convertir à cette technologie. C'est une très bonne nouvelle pour les animaux de laboratoire, cobayes vivants utilisés jusque-là pour les tests dermatologiques, dont le nombre devrait considérablement diminuer.

Cette page pourrait ainsi se remplir, jour après jour, sans jamais être exhaustive ni complète. Il est certain que lorsque vous lirez ces pages, beaucoup de projets cités auront abouti, tandis que beaucoup d'autres auront débuté.

# Épilogue

Ni pessimisme, ni jugement hâtif, à nous de décider !

La machine, la mécanisation, la robotique, l'informatique s'invitent dans notre quotidien, nous envahissant, s'immisçant dans toutes nos actions, et elles se substituent progressivement aux humains. Nous évoluons dans une société fonctionnelle, technicisée à l'extrême. « Accros » à nos téléphones portables, il faudra bientôt nous les implanter, tant nous en dépendons ! Le virtuel ne nous étonne plus, ne nous effraie même pas. Par moment, des sursauts idéalistes face aux techniques que nous utilisons, tentent notre raison, « mais dès que nos chères machines tombent en panne, nous redevenons vite très matérialistes[1] ».

Notre monde change à vue d'œil, avec lui s'écroulent nos repères, nos valeurs, nos certitudes, et, parce qu'en plus il existe peu d'interdits vraiment durables, nous allons devoir répondre rapidement aux questions philosophiques, éthiques, politiques, économiques, religieuses et sociétales qu'elles soulèvent.

Notre humanité est interpellée sur tous les plans, et en particulier sur celui de ses valeurs. Pour cette raison, les opposants au courant transhumaniste reprochent à ses partisans de se prendre pour des dieux et s'interrogent particulièrement sur leurs objectifs,

1. Jean-Michel Besnier, *L'Homme simplifié*, Fayard, 2012.

leur morale, leur finalité. Ils craignent le danger dominateur du totalitarisme. Il y a matière au regard de ce qui se passe actuellement. La Chine use, par exemple, du séquençage de surdoués pour rechercher les déterminants génétiques des grandes intelligences. Ils craignent également les inégalités, là encore ils ont raison, car l'homme amélioré sera supérieur à l'homme naturel. Ils redoutent enfin que les biotechnologies ne soient qu'un prétexte pour mieux contrôler les individus. Nick Bostrom a beau s'en défendre en affirmant que « les transhumanistes visent à entretenir une approche scientifique à la résolution de problèmes en s'en tenant aux faits [...] (qu') ils se font un devoir de mettre au défi tous les mythes et de remettre en doute les présumés impossibles [...] (que) cette idéologie doit évoluer et se remodeler au fur et à mesure que nous avançons [...] et (que) les transhumanistes sont prêts à avouer leurs torts et à apprendre de leurs erreurs[1] », on ne peut pas nier que ces critiques sont largement fondées.

Le transhumanisme intéresse pour le moment une élite intellectuelle et scientifique, principalement regroupée aux États-Unis, dont les objectifs sont de donner à l'homme les moyens de devenir sa propre entreprise, de s'occuper de sa propre optimisation, pour que dans le contexte actuel d'exigence soient maintenues la compétitivité, l'immédiateté et la performance, tout cela combiné à un monde où l'épanouissement et la recherche du bonheur personnel deviennent finalité et doivent être sans frein.

1. Nick Bostrom, *Superintelligence: Paths, Dangers, Strategies*, Oxford University Press, 2014.

La fusion annoncée de l'homme avec la technique est une transformation profonde de notre évolution, et semble désormais inéluctable. Ce qui fait dire à Ray Kurzweil que « la question de savoir ce qui, dans une décennie, sera encore humain (au sens où nous le définissons aujourd'hui) devra faire l'objet d'une reconsidération poussée[1] ». Nous savons depuis longtemps que l'humain est en constante évolution et cherche en permanence à accroître son bien-être, sa longévité, sa santé, ses connaissances, par tous les moyens. Hérités du siècle des Lumières, qui demandait à la science d'investiguer la nature pour améliorer les conditions de vie des hommes, le courant transhumaniste, et la montée en puissance exponentielle de « l'intelligence » de nos ordinateurs, ont remis en question les limites humaines. Ils nous préparent à l'émergence du radicalement nouveau, laissant place à l'homme « créateur »[2]. Pour autant, si tout devient possible, est-ce que tout est souhaitable ? Si cette révolution biotechnologique est aussi impressionnante que la révolution des années 1890, où l'arrivée de l'automobile, de l'électricité et de la chimie, avait bousculé la société au quotidien, la grosse différence entre cette époque et la nôtre en est le sujet d'étude : nous ne sommes plus dans la transformation de la matière, mais dans celle de l'homme ! Et le rythme actuel de ces changements est tel qu'il inquiète. La biologie devient technologie, la technologie devient biologie, les humains se robotisent de plus en plus, les robots s'humanisent

1. Raymond Kurzweil, *The Singularity Is Near : When Humans Transcend Biology*, Viking Adult, 2007.
2. Pas au sens religieux du terme.

et se substituent à nous progressivement, nous entraînant vers un nouveau monde, une nouvelle humanité.

Sommes-nous prêts à nous améliorer, à faire évoluer l'espèce humaine en augmentant ses capacités de perception, de cognition, de réflexion, ses performances, sa perfectibilité, pour changer l'humain en transhumain et entraîner sa nature humaine vers une posthumanité ?

Il n'est plus temps de savoir si nous sommes capables d'accompagner un tel virage, de nous y adapter : nous sommes déjà dans la tourmente. La presse, les revues scientifiques la littérature moderne, le cinéma, la radio, en donnant leurs propres versions de ce que pourrait être un transhumain dans un monde posthumain, nous informent, nous alertent, et nous rappellent au quotidien le glissement de notre société, de notre être, de notre humanité, vers un monde différent et inconnu. Le technotrain, ou le TGV 2.0 devrait-on dire, s'est élancé, entraînant dans son sillage nos destins. Nier son existence n'évitera pas son accomplissement et ses dégâts collatéraux, mais pourrait au contraire nous y rendre plus vulnérables. S'y opposer ralentira son trajet momentanément, mais en aucun cas ne le freinera. Regardons-le bien en face, pour réagir à son approche, éviter qu'il ne nous écrase, et décidons en pleine conscience si nous préférons prendre un ticket pour embarquer, ou le laisser passer. Il devient urgent de penser différemment l'humanité et son avenir, d'imaginer quelles seraient les conséquences de nos fantasmes, quelles limites leur donner (si tant est qu'on en ait la possibilité).

S'améliorer, moins souffrir, moins vieillir, mourir plus tard ne sont pas *a priori* des pensées condamnables ; seulement nous ne savons pas encore où fixer les limites que leur aboutissement impose, et nous ignorons si nous serons toujours capables de contrôler leur évolution. Même s'il y a fort à parier que « nous préférerons être modifiés plutôt que morts, être transhumains plutôt qu'Alzheimer[1] », il faut se poser la question de savoir comment réguler nos pouvoirs sur nous-mêmes, quels sont nos droits sur les générations futures, qui va encadrer ces droits, et qui va gérer la cohérence de ces droits à l'échelle mondiale. Notre société, en rupture avec la rigidité des structures anciennes proposées comme des nécessités, ne cache plus son désir d'aller vers un ailleurs, un « différent » émancipateur, pour en finir avec les dualismes de toute sorte, quitte à réfléchir à notre passage sur une autre face de l'univers. Mutants permanents, nous sommes clairement entrés dans cet « ailleurs » technologique avec lequel il va falloir composer. « L'humain qui disparaît aujourd'hui est un homme qui chercha à imposer sa supériorité aux autres, qui avait l'ambition de s'arracher à sa nature animale, à sa condition initiale d'être de besoin, afin d'affirmer sa dimension d'être libre, et, éventuellement, sa vocation spirituelle. Un homme enfin dont la seule croyance avec ses semblables était que tous nous allions mourir. Quel désenchantement de s'apercevoir que dans ce monde nous sommes destinés à finir d'une mort collective totale. Plus on réfléchit à cette éventualité (l'existentialisme

1. Laurent Alexandre, *op. cit.*

sartrien), plus on se prend à penser que la grande énigme n'est pas de savoir comment la vie a pu s'allumer sur Terre, mais de comprendre comment elle pourrait s'éteindre sans se prolonger quelque part ailleurs[1]. »

L'histoire ne cesse de nous prouver que l'homme ne résiste pas longtemps à la nouveauté, même si elle représente un danger, et que la pression sociale associée au désir de chacun de rester dans la norme, de « faire comme les autres », remporte toujours l'adhésion du plus grand nombre. L'attrait suscité par ces nouvelles technologies ne fera pas exception, d'autant que les utopies transhumanistes deviendront obligatoires dans des systèmes sociétaux où domineront l'éphémère, le virtuel, la machine, la technique. Dostoïevski prédisait qu'à l'avenir il faudrait se méfier des « marchands de bonheur », que la politique du bonheur libéral ou communiste déboucherait inévitablement sur de nouvelles formes de folie humaine, que des crimes arbitraires et des actes d'autodestruction motivés exclusivement par l'ennui seraient commis par des hommes à la recherche de la nécessité perdue.

Nous sommes au cœur de l'ambiguïté apportée par la modernité du siècle des Lumières et de son culte du savoir : « Ce qui fut présenté comme le moyen de l'autonomie de l'homme devient une puissance qui dicte ses règles[2] », et a fait dire à Barbara Garson[3] qu'« un degré extraordinaire d'ingéniosité humaine

1. Jean-Michel Besnier, *Demain les posthumains*, *op. cit.*
2. *Idem.*
3. Dramaturge américain, auteur et activiste social.

avait été mis au service de l'élimination de l'ingéniosité humaine ». Enchaînés aux contraintes de nos techniques, pris en otage par la technologie, nous souffrons du syndrome de Stockholm, et en réclamons encore et encore. Mal préparés au changement qui s'amorce, nous sommes pour l'instant réfugiés derrière notre petit arbre nationaliste, croyant qu'il nous protègera toujours des assauts de la révolution transhumaniste, qu'il ne succombera pas asphyxié à l'ombre de la canopée technologique, et qu'il résistera au déluge évolutionniste.

Pierre Teilhard de Chardin pensait que l'évolution, jusqu'ici aveugle, lorsqu'elle serait guidée par la pensée humaine, deviendrait réfléchissante et donc autogérée. La biotechnologie serait alors une étape supplémentaire dans la montée de l'évolution de la conscience de soi. Cette réflexion pourrait répondre à la question de Johann Roduit[1] : « Faut-il mettre notre espérance, notre confiance, et notre foi en la vision du monde transhumaniste ? » En d'autres termes, l'avenir de l'humanité peut-il être dans l'avènement du posthumanisme ? La question n'en est peut-être déjà plus une. Il ne faut pas faire semblant de l'ignorer, le virus transhumaniste se propage, et il ne s'arrêtera pas à nos frontières. Le courant transhumaniste est bien une réalité. Certes, il bouscule nos certitudes, mais nous oblige aussi à penser différemment, à nous remettre en question, à nous mieux préparer au nouveau. Jean Piaget,[2] en 1940, écrivait

1. http://www.huffingtonpost.fr/johann-roduit/le-transhumanisme-nouvell_b_1326166.html
2. Jean Piaget et Bärbel Inhelder, *La Psychologie de l'enfant*, PUF, « Quadrige », 2004.

à propos de la construction de l'intelligence chez l'enfant : « L'acquisition d'une nouvelle information se traduit par une "perturbation" qui va entraîner chez l'individu un "déséquilibre" du champ cognitif et exiger un travail de synthèse pour assimiler, intégrer, critiquer, et finalement admettre. » Nous avons inversé une étape en intégrant la technologie avant d'assimiler, de comprendre, les bouleversements qu'elle impliquerait, qu'elle imposerait irrémédiablement.

Pour sombre que puisse paraître à certains un avenir transhumain, ne serait-il pas, paradoxalement, le chemin nécessaire, obligatoire, salvateur, par lequel doit passer notre humanité pour finalement en sortir grandie ? N'est-il pas en fin de compte souhaitable ? Sommes-nous si persuadés d'être uniques, irremplaçables, dans notre conception tant physique que spirituelle, qu'aucune autre forme de vie ne pourrait nous égaler, voire nous surpasser ? "*It always seems impossible until it's done*", prêchait Nelson Mandela. Cela semble toujours impossible jusqu'à ce qu'on le fasse, ou encore, les choses sont toujours improbables jusqu'à ce qu'elles deviennent réalité ! Alors, même si le mot « transhumanisme » ne nous est pas encore familier, que beaucoup d'entre nous ne connaissent pas sa définition, n'ignorons pas que nous baignons dedans. Familiarisons-nous avec le mouvement qu'il sous-tend, essayons de le comprendre avant de le juger. Ouvrons les yeux : il a déjà envahi nos espaces les plus familiers. Nous le côtoyons, nous le subissons, mais dans le même temps nous le réclamons pour ce qu'il offre, et pour les joies qu'il procure. « L'homme amélioré », le transhumain, existe : c'est vous, c'est moi avec une hanche artificielle, un pacemaker, un implant cochléaire, une *Google glass* !

Si, aujourd'hui, nous sommes conscients de notre finitude, nous ne savons pas à quoi nos futures créations nous destinent. Restons vigilants, attentifs et ouverts face à l'inconnu sans condamner *a priori* notre avenir. Peut-être que l'allongement de la vie, malgré son lot d'incertitudes, nous procurera plus de temps pour réfléchir à l'essentiel qui a fait notre humanité, et nous donnera envie de réfléchir aux sempiternelles questions « d'où je viens, qui suis-je, où vais-je », d'appréhender plus profondément celles sur « l'esprit créateur », « les vérités premières », « la conscience de soi », « la personne ». Peut-être enfin que, lié à la transformation de notre être, il nous aidera à continuer d'exprimer deux des signes de notre suprême liberté face aux machines, que sont notre intériorité et notre pouvoir de création, et qu'en fin de compte l'harmonie, ou tout du moins un équilibre, entre nous et nos créations, s'installera, pour continuer à vivre libre et ensemble.

Stéphane Arteta, dans un article du *Nouvel Observateur*[1], ne fait-il pas remarquer à juste titre que le clone, le robot ou l'être hybride, cette espèce « inférieure » et sans cœur représentée dans les films de science-fiction et les séries futuristes, « finit dans la majorité des cas par sauver l'espèce humaine de sa folie » ?



1. *Nouvel Observateur*, 2-8 janvier 2014.

Alors, soyons confiants, optimistes, ouverts, éclectiques, prêts à concevoir notre évolution avec des sentiments, un esprit créateur, une conscience collective, et osons croire que science et intelligence posthumaines ne seront pas ruine de l'âme.

# Remerciements

La fin de ma vie professionnelle m'a apporté une nouvelle jeunesse ! Non, n'y voyez pas un mauvais jeu de mots en rapport avec le titre de cet essai. Je n'ai ni bu d'élixir de jouvence ni découvert la pierre philosophale, mais vécu à nouveau le temps où l'on s'émerveillait d'un rien et surtout celui des appétits d'apprendre, de découvrir, de connaître. À ce titre, je remercie Jean Soubrier et l'Institut politique Léon Harmel (IPLH).

Je remercie Laurent Alexandre, à qui je dois cette « révélation transhumaniste » lors d'une conférence à Paris.

Je remercie Luc Ferry d'avoir spontanément accepté de préfacer ce livre, et qui, grâce à ses enseignements, m'a permis d'approcher et de comprendre les auteurs passés ou contemporains, d'élaborer à partir de leurs pensées une ouverture et une réflexion sur le mouvement transhumaniste.

Pour ce travail, lectures, compilations, réunions, conférences, des heures de réflexion, d'interrogation, de doute, de décisions, de rédaction, ont pesé sur mes proches. Je remercie tout particulièrement mon mari Dominique pour sa patience, ses conseils, ses encouragements, et pour nos échanges passionnés.

Je remercie mes parents et notre ami Bernard Montanari pour leur soutien indéfectible.

Je remercie Agnès Fontaine et les éditions Eyrolles pour m'avoir fait confiance, David Latapie et Marc Roux pour leurs conseils.

En dernier lieu, merci à tous les auteurs cités, en particulier Jacques Attali, Jean-Michel Besnier, qui, chacun dans leur style et leur diversité, redéfinissent les mystères de ce que nous sommes, de notre univers, de notre possible futur, et ont le don de nous rappeler combien il est précieux d'être.

# Bibliographie


### Livres

Franz Aaron, *The Jesuit Priest who influenced Transhumanism*, The Age of Transitions, 2009.

Laurent Alexandre, *La Mort de la mort*, JC Lattès, 2011.

Jean-Jacques Antier, *Pierre Teilhard de Chardin ou la force de l'amour*, Presses de la Renaissance, 2012.

Jacques Attali, *Une brève histoire de l'avenir*, Édition Fayard, 2012.

Jean-Michel Besnier,
*Demain les posthumains*, Hachette Littératures, 2009.
*L'Homme simplifié*, Fayard, 2012.

Nick Bostrom, *Superintelligence: Paths, Dangers, Strategies*, Oxford University Press, 2014.

Charles-Édouard Boué (en collaboration avec François Roche), *Confucius et les Automates*, Grasset, 2014.

Eric Drexler, *Engines of Creation: The Coming Era of Nanotechnology*, 1986.

Ronald Dworkin, *Playing God: genes, clones and luck*, Harward University Press, 2002.

Francis Fukuyama, *La Fin de l'homme*, La Table Ronde, 2002.

Jean-Claude Guillebaud, *La Vie vivante : contre les nouveaux pudibonds*, Les Arènes, 2011.

Katherine Hayles, *How we became Posthumain?*, University of Chicago Press, 1999.

J.-W. Hayward (sous la direction de), *Passerelles : conversations avec le Dalaï-Lama sur les sciences de l'esprit*, Albin Michel, 1992.

David Hume, extrait de son *Traité de la nature humaine*.

Gaspard Kœnig, *Le Révolutionnaire, l'Expert et le Geek*, Plon, 2015.

Raymond Kurzweil,

*Humanity 2.0 : la bible du changement*, M21 Éditions, 2007.

*The singularity is near: when humans transcend biology*, Viking Adult, 2007.

*The Singularity is Near*, Viking Books, 2005.

Céline Lafontaine, *La Société postmortelle*, Le Seuil, 2008.

James Martin, *The Meaning of the 21st Century*, Riverhead, 2006.

Marvin Minsky, *Steps toward artificial intelligence*, MIT 1960.

Jean Piaget et Bärbel Inhelder, *La Psychologie de l'enfant*, PUF, « Quadrige », 2004.

Platon. *Protagoras*. [1]320.321c. Traduction d'Émile Chambry.

Joël de Rosnay, *L'Homme symbiotique*, Le Seuil, 2000.

Michel Serres, *Petite Poucette*, Édition Le Pommier, 2012.

Pierre Teilhard de Chardin, *Hymne de l'univers*, Le Seuil, 1961.

Jean-Michel Truong, *Totalement inhumaine*, Le Seuil, 2001.

C. Venn, « The Enlightenment », *Theory, culture and society*, London, vol. 23 (2-3), pp. 477-498, 2006.

## Articles

Laurent Alexandre,

« Google et les transhumanistes », *Le Monde*, 02/04/2012.

« La guerre des cerveaux a commencé », *Le Monde*, 09/03/2013.

Isaac Asimov, "Visit to the World's Fair of 2014", *New York Times*, 16/08/1964.

Stéphane Arteta, *Le Nouvel Observateur*, 2-8/01/2014.

« Bilan démographique 2011 », *Insee Première* n° 1385, 01/2012.

Nick Bostrom, "What is a Singleton", in *Linguistic and philosophical Investigation*, 2006.

Louise Couvelaine, *Le Monde*, 22/11/2013.

Pierre-Jean Dessertine, Encyclopédie de l'Agora, 01/04/2012.

Michael Ignatevossian, « Quatre question à Noriko Kageki », *Paris Match*, 21-27/11/2013, p. 120.

Édouard Laugier, « Hughes de Jouvenel, Futuribles », lenouveleconomiste.fr, 20/04/2010.

Nicolas Le Dévédec, « De l'humanisme au post-humanisme : les mutations de la perfectibilité humaine », *Revue du MAUSS permanente*, 21/12/2008.

Nicolas Le Dévédec & Fany Guis, « L'humain augmenté, un enjeu social », in *SociologieS*. http://sociologies.revues.org/4409

Antoine Lhermenault, interview de Zak Allal, représentant de l'Université de la Singularité en France, http://etudiant.lefigaro.fr, 19/05/2015.

Max More, "Transhumanism: a futurist philosophy", *Extropy 6*, 1990.

Johann Roduit, « Le transhumanisme : nouvelle religion ou hérésie chrétienne ? », http://www.huffingtonpost.fr/johann-roduit/le-transhumanisme-nouvell_b_1326166.html

Michel Serres, *L'Éléphant* n° 3, 2013.

Olivier Ezratti, « Les stratégies industrielles de la singularité », *French web, le magazine de l'innovation*, 24 mai 2015, mis à jour le 28 mai 2015 sur le blog d'Olivier Ezratti.

Joël de Rosnay, « Le transhumanisme est narcissique. Visons l'hyperhumanisme », *Le Nouvel Observateur*, 26/04/2015.

Philippe Vion-Dury, « Le transhumanisme français : que des surhommes, pas de sous-hommes », *Cyborg*, Rue 89, 11/03/2013.

Organovo Holdings, Inc., "L'Oreal USA Announces Research Partnership with Organovo to Develop 3-D Bioprinted Skin Tissue", PRNewswire, 05/05/2015.

## Internet

http://editions-hache.com/essais/more/more1.html

http://www.transhumanistes.com/

http://www.transhumanism.org/index.php/WTA/more/148/

http://www.gizmag.com/openworm-nematode-roundworm-simulation-artificial-life/30296/

http://mythologica.fr/grec/promethee.htm#sthash.67GIQwcq.dpuf

www.ensci.com/blog/humanitesnumeriques/2013/01/06/285/

http://sociologies.revues.org/4409

http://journaldumauss.net/spip.php ?article444

http://www.huffingtonpost.fr/johann-roduit/le-transhumanisme-nouvell_b_1326166.html

http://www.neohumanitas.org/

http://theses.univ-lyon2.fr/documents/get-part.php?id= lyon2.2005.dupeyrix_a&part=96356

http://transhumanistes.com/global-future-2045-carnet-de-voyage

## Émission télévisée, débats, conférences

Arte, *Un monde sans humain*, Philippe Borrel, 23 octobre 2012.

Joël de Rosnay, propos recueillis lors d'une conférence à l'Assemblée nationale, octobre 2015.

Alberto Bondolfi, théologien catholique à l'université de Trente (Italie), réunion ATM 2014, à Strasbourg.

Composé par Sandrine Rénier

Dépôt légal : octobre 2016
IMPRIMÉ EN FRANCE

Achevé d'imprimer le 12 septembre 2016
sur les presses de l'imprimerie « La Source d'Or »
63039 Clermont-Ferrand
Imprimeur n° 13494

PEFC
PEFC/10-31-2008

*Dans le cadre de sa politique de développement durable,*
*La Source d'Or a été référencée IMPRIM'VERT®*
*par son organisme consulaire de tutelle.*
*Cet ouvrage est imprimé - pour l'intérieur -*
*sur papier bouffant (main 1,8) 80 g*
*provenant de la gestion durable des forêts.*